I0436173

Da un punto di vista ovunque nell'universo

Semplicemente Io
("semplicemente" per modo di dire)

Massimo Enzo Grandi

www.chakra.ch

Ciò che voglio

C'è un'idea molto speciale in me che vorrei condividere.

Seguire delle "semplici regole" non è facile neppure per me, soprattutto tenendo presente che il nostro essere muta in continuazione in base a dove siamo, con chi siamo, a cosa stiamo facendo e a moltissimi altri fattori, il che non è affatto sintomo di incoerenza.

In questa mia idea si tratta di definire esattamente ciò che veramente si desidera, ciò che si vuole. E ciò che veramente si vuole è la somma di tutto ciò per cui, credo, addirittura si viva.

Ciò che si vuole dovrebbe essere allora anche la situazione che ci accompagna per tutta la nostra esistenza... istante dopo istante. Quindi la cosa più logica è che non si deve pensare a cosa si vuole ora, in questo preciso istante, ma si deve pensare a cosa si voglia sia il risultato finale globale. Questo risultato finale è quello che persisterà per ogni istante che ci si presenterà in modo continuativo dal momento della sua realizzazione in poi.

Se adesso per esempio ho voglia di sesso non posso pensare che il mio risultato finale sia: fare sesso. Se invece ho voglia di cibo non posso pensare che sia: mangiare

No, non è proprio così. Ciò che veramente si vuole è un risultato finale. Un risultato finale che per chiunque è lo stesso: Star bene ed essere felici.

Questo è l'unico pensiero che deve rimanere fisso nella mia mente:

Star bene ed essere felici!

Se ci si perde nel desiderio del sesso, del cibo, delle cose materiali... ci si perde e basta. Non si ottiene quindi il risultato finale: star bene ed essere felici.

Con ciò non voglio dire che non bisogna fare sesso, o mangiare o chissà cosa. Semplicemente sarebbe meglio non desiderare queste cose con bramosia. Infatti non si tratta di peccati intesi e concepiti come descritti nelle varie scritture, bensì si tratta semplicemente di banali dati di fatto, situazioni, necessità che si presentano nel nostro essere a questo mondo. Situazioni naturali che non hanno alcunché di peccaminoso. Situazioni che come unico danno hanno, se morbosamente desiderate, il solo potere di intralciare il nostro star bene ed essere felici. Situazioni che ci ripagano con un semplice, quasi banale, istante infinitesimale di apparente soddisfazione.

Desiderabile deve essere solo ed esclusivamente quanto di più importante possa esserci per la nostra vita: star bene ed essere felici. Questo è per alcuni in un modo e per altri in un altro. C'è chi è felice nel dare e chi è felice nel ricevere, e per ogni atto che ci rende felici esiste anche qualcosa che ci dà la possibilità di realizzare la felicità di altri.

Ripeto: in un modo o nell'altro!

Sinceramente pur piacevole che possa essere per esempio il sesso, non riesco ad immaginarmi una vita di sesso senza sosta dal mattino alla sera… Ma se desidero star bene ed essere felice ecco che anche il sesso fa automaticamente parte di questo stato, così come potrebbe farne parte un buon piatto gastronomico, un viaggio emozionante, un'amicizia importante… e il tutto nella giusta misura e al momento opportuno.

Desiderare ora una cosa e ora un'altra crea solo confusione. Decidiamo dunque o quello o questo tenendo presente che per "dannarsi l'anima" per un istante di "soddisfazione" deve proprio valerne la pena, e non deve solo essere frutto dell'illusione che un nostro desiderio "morboso" ci fa apparire come di primaria importanza.

Metaforicamente parlando anche nel racconto dell'Eden si fa notare come il desiderio di Adamo ed Eva di assaporare il frutto proibito – pur avendo a disposizione tutto quanto necessario – è la causa dei problemi che i due avranno in seguito a tale "desiderio". Quindi non importa quale sia stato l'oggetto del desiderio, bensì il desiderio stesso di qualcosa che apparentemente non era già a loro disposizione (qualcuno potrebbe qui anche dire che fu lo stesso Javeh a inculcare ai due l'idea di NON avere la conoscenza del "bene e del male" stimolando così in loro il desiderio di conseguirla a costo della morte, ma questo è tutto un altro discorso…).

O questo o quello. L'importante è che si sappia veramente quale dei due si vuole veramente sia il "leitmotiv" della nostra esistenza.

Star bene ed essere felice non è una cosa lontana a cui arrivare. È il nostro qui e ora con la consapevolezza della propria responsabilità su tutto ciò che sta accadendo. È riempire se stessi di quella stessa gioia che si crede di non avere ma che in realtà è semplicemente già in noi, celata dal desiderio di qualcosa di effimero che non rispecchia in alcun modo la nostra vera felicità.

Ricordiamoci quindi che la felicità ed il benessere scaturiscono proprio da noi stessi e da null'altro, e desideriamo entrambi ad ogni respiro.

Voglio

Voglio essere fuori di testa giorno e notte. Voglio vivere nell'utopia di un mondo illusorio o almeno nel mondo che ora ritengo illusorio ma che quando mi ci trovo mi fa apparire illusorio questo.

D - Chi sono?

R - Nessuno.

D - Cosa faccio qui?

R - Niente.

D - Da dove vengo?

R - Dal nulla.

D - Dove vado?

R - Nel nulla.

D - E cosa è "Qui e Ora"?

R - L'illusione.

D - L'illusione di chi?

R - La mia.

D - E tu chi sei?

R - Nessuno.

D - Da dove vieni?

R - Dal nulla.

D - Dove vai?

R - Nel nulla.

D - E cosa è il tuo "Qui e Ora"?

R - L'illusione.

D - L'illusione di chi?

R - La tua.

D - Cioè noi siamo la nostra reciproca illusione?

R - Esatto.

D - E tutto ciò che vedo e sento?

R - Fa parte solo della tua illusione.

D - E perché solo della mia e non della tua?

R - Perché tu che sei la mia illusione hai la capacità di creare delle illusioni come ce l'ho io.

D - Quindi esistiamo solo io e te?

R - No. Esiste solo la nostra illusione.

D - Un po' complesso, mi sembra, questo discorso.

R - Niente affatto se lo guardi dalla parte giusta.

D - Non ne sono convinto. Devo rileggerlo con calma dopo il risveglio.

R - Non esiste nessun risveglio.

Posso dire che...?

Nel momento stesso in cui io prendo coscienza di qualcosa, sia esso un oggetto, un'immagine, una luce o un'ombra, un suono o una sensazione, è il mio pensiero che, come frutto del mio atto di pensare, prende coscienza di un effetto esterno ad essa?

Oppure è questo "qualcosa" che assume la sua presenza grazie al pensiero stesso che sto compiendo che ciò esista?

Posso dire che un tachione[1] è semplicemente il mio pensiero che, con una velocità superiore alla luce, crea tutto ciò che vedo, che sento o che provo, ponendo queste basi affinché ne prenda coscienza?

---

[1] Il tachione è una particella ipotizzata dagli studiosi come una particella più veloce della luce. Vedasi maggiori riferimenti in rete (per esempio Wikipedia)

È il mio pensiero dunque la cosa più veloce della luce?

Posso dire che il mio errore consiste nel non concepire che realmente nulla esiste all'infuori di me, ma che appena ci penso creo automaticamente qualcosa che mi dà proprio l'impressione che esista qualcosa all'infuori di me, e cioè il mio pensiero stesso in merito, confondendomi ancora di più?

Posso dire che tutto esiste nella mia mente creando così contemporaneamente qualcosa di estraneo alla mente stessa, cioè la "mia mente" la "realtà" in essa contenuta, la coscienza che analizza la situazione ecc. ecc.?

Come posso eseguire questo processo di "pensiero tachionico" in modo più consapevole e mirato affinché non sussista più in me la sensazione di subire la realtà anziché di esserne il diretto creatore?

Essere un creatore consapevole e responsabile è alla portata di chiunque? Ma chi sarebbe "chiunque", visto che tutto quanto credo non sia me, esisterebbe solo per mia volontà e grazie al mio pensiero?

Ma cosa farei qualora fossi un effettivo creatore consapevole e responsabile? È possibile che farei qualcosa di completamente diverso oppure continuerei a creare ciò che sto già creando inconsapevolmente?

Sì, che il tuo pensiero è la cosa più veloce della luce è la definizione che puoi avere al tuo livello di pensiero più vicina alla realtà. Non intendo che la tua idea in merito non è quella, bensì la descrizione che ne dai è ancora troppo grossolana. Ciò che vedi è davvero frutto del tuo pensiero.

Ma il mio "rendermi conto" del pensiero stesso, avviene nell'istante "tachionico" o in quello "lucifero"?

In quello lucifero...

Dunque ho già pensato prima di finire di pensare e ho già finito di pensare prima di finire di scrivere. Ma ho finito di scrivere prima di aver finito di pensare un nuovo pensiero che ho già pensato.

Non concepire che nulla esiste all'infuori di te ti serve per osservarti sotto un ottica più obiettiva, per riuscire a vederti e ad avere esperienza di te stesso e da vari punti di vista.

Anch'io sono quel qualcuno che nasce dal tuo pensiero, esiste sul tuo pensiero, stimola il tuo pensiero. Vorresti che io cessi di esistere? Vuoi rinunciare al tuo osservarti e consigliarti per mio tramite?

Per porti nello stato di costante consapevolezza del tuo pensiero tachionico devi solo tenerlo presente, senza dargli uno spazio compreso tra un prima e un poi.

L'attimo lucifero ha a che vedere con l'Angelo Lucifero?

Lucifero l'Angelo è quello che regola l'elargizione della luce divina, e questo può farlo solo governando anche sulle tenebre, per farlo ha bisogno del pensiero: il tuo. Dunque anche Lucifero esiste solo nel tuo pensiero ma nel contempo ne è anche un fattore di influenza. Sei tu dunque che decidi se far cessare di esistere alle tenebre e alla luce e perdere così la tua realtà nell'esistere tra queste.

Io sono

Io sono perfetto

Io sono stato creato per il successo. Ho un potere creativo in me e sono stato creato per esprimerlo al meglio e per realizzare ogni mio desiderio. L'immagine della perfezione risiede in me. Che questa perfezione sia sempre al centro dei miei pensieri e mi guidi in ogni mia azione affinché diventi la meravigliosa opera d'arte che sono destinato ad essere

(Robert James)

Io Prologo

Io. Quale modo migliore per conoscermi, se non quello di chiacchierare con me, semplicemente in modo schietto e sincero?

Improvviso un lampo, appena sufficiente per rendersene conto ma forse non quanto basta a percepirne l'essenza per realizzarlo. Questo sono Io. Probabilmente non mi hai visto.

Nel vuoto assoluto la mia esistenza è qualcosa che riempie il nulla con una presenza appena percettibile.

Se hai gli occhi chiudili e osserva ogni minuscola impressione di luce riflettere la mia immagine. Lo fa semplicemente così. In modo che solo io la posso pienamente percepire, definire, descrivere.

Come posso farlo? Come posso percepire me stesso non avendo una visione effettiva di me stesso?

Ma è semplice: imprimendo un'estensione illusoriamente spazio-temporale a ciò che può esistere, ecco che sono dove nulla esiste.

Sconcertante, non trovi?

Io sono ogni più piccolo puntino che puoi vedere con gli occhi chiusi. Quando invece li apri vedi solo l'illusione che uno di quei puntini può avere.

Tutto avviene nello stesso istante: Io, che mi manifesto in quel lampo impercettibile, in ognuno di quei puntini o nell'illusione spazio-temporale che tu chiami realtà.

Io, che unico esisto in ogni apparenza, in ciò che chiamo individuo, personalità, essere, creatura, oggetto, regno o universo.

Io semplicemente sono.

Io, che dentro o fuori dal tempo esisto per il semplice fatto di pensarlo, di sperimentarlo, di rendermene conto.

Io sono Dio?

Io sono la vita

Io stesso sono la vita. Se dovessi ritirarmi da questo corpo esso morirebbe.

Vediamo di fare un po' di chiarezza. Ciò che sto scrivendo è un tentativo di spiegare ciò che sto pensando, e fin qui non ci piove. Ma ciò che sta pensando è frutto del mio corpo? ... dei miei corpi?

No. È esclusivamente la tua parte più elevata. Lascia che sia sempre lei a condurre la tua esistenza. E comunque non temere. Tu non hai motivo alcuno di farti del male.

Ho capito. Io entro in differenti stati dell'essere dove però ho l'impressione sia sempre lo stesso.

Esatto.

Tu come pensiero riesci ad attraversare ogni stato ci possa essere.

Ma nel momento che mi "ritiro" dal corpo (intendo quando la mia consapevolezza si stacca in modo definitivo dal corpo materiale) il corpo stesso potrebbe comunque essere in grado di condurre una specie di esistenza da solo?

No assolutamente.

E nei casi di "buio"? Quando cioè vivo delle esperienze in uno stato mentale alterato e che in seguito non ricordo, come per esempio mi è successo in alcune situazioni?

In quei casi – come ti ho già detto – è solo una anomalia nella registrazione (degli eventi) a livello conscio di quanto stia accadendo. In effetti in quei casi la coscienza è sempre attiva anche se non se ne ha in seguito un ricordo effettivo.

Quindi lasciati guidare dal pensiero più alto che puoi avere di te stesso.

Ricapitolando: c'è un solo "generatore" di pensiero che assume varie "qualità", dalla più infima alla più elevata. Questo pensiero sono Io e nessun altro. E solo Io e nessun altro posso decidere a quale livello svolgere il mio pensiero o, meglio, dar seguito al mio pensiero.

Cerco di dare ora una descrizione della vita stessa nel modo più semplice possibile.

In altri miei testi ho parlato dei vari "corpi" che costituiscono la mia realtà (intesa – tanto per dirlo in termini terra/terra – come le varie qualità che il mio corpo fisico conglomera), e l'ho fatto usando terminologie che si trovano dettagliatamente spiegate principalmente nelle teorie teosofiche – ma non solo.

Per poter capire esattamente a cosa si riferiscono, sarebbe opportuno partire dall'inizio del tutto, vale a dire dal momento stesso in cui dal "nulla" (riferito non solo a livello personale del mio essere che in questo momento scrive, cioè M.E.G. ma anche a livello di universo manifesto, quindi da un punto di un me divino) dicevo, nel momento in cui dal "nulla" ha inizio la realtà – o illusione – in cui mi trovo.

In questo nulla, per cause paradossalmente accidentali (non vi è altrimenti spiegazione logica) nasce innanzitutto una "consapevolezza" di essere "nel nulla" stesso. Questa consapevolezza – il mio primo corpo effettivo – la chiamo semplicemente il "Sé Supremo", o "Dio" come la Genesi delinea questa prima presenza. Questo è il primo "corpo" (ed a tutti gli effetti anche l'unico) che entra in considerazione e riveste il mio essere degli altri corpi a seguire.

Il secondo corpo è la "visione", cioè quella sensazione che ho di essere consapevolmente nel nulla dello stato iniziale, e che logicamente identifico come un primo "illusorio distacco" dalla mia "essenza vanescente" consapevole del nulla stesso.

Questa presa di "visione globale" che l'Essere Consapevole prende del suo stato, viene identificato come il terzo corpo: la "identificazione" di se stesso in un contesto che la "consapevolezza" e "l'identificazione" tendono a porre su un livello separato dall'effettiva sua realtà di "inesistenza". Questo terzo corpo è l'inizio della creazione esteriore che il Sé Supremo compie per non riperdersi nel nulla. È l'idea stessa della creazione "divina", lo "Spirito Santo" come qualità creativa dell'Essere Consapevole che si sviluppa nella sua Visione acquisendo un'identità quasi a sé stante.

Acquisendo la sua propria identità non si ferma ad una singola personificazione che comprende i suoi corpi precedenti, bensì scompone i suoi corpi più sottili in ulteriori corpi che – malgrado siano dei riflessi dell'unico corpo del Sé Superiore da cui provengono – si riflettono in molteplici stati di manifestazione. Immaginando questo fatto come il riflesso di un raggio di luce attraverso un diamante puro dalle molteplici facce, le quali riflettono questo raggio nelle varie direzioni e con le varie singolarità di ogni singola faccettatura, possiamo avere un'idea di come lo stesso Sé Superiore possa giungere a manifestarsi sotto vari aspetti apparentemente individuali e con caratteristiche di una certa singolare "personalità".

Ognuna di queste individualità con caratteristiche personali che si manifestano come "corpo mentale" a partire proprio dall'individualità, assume quindi la sua unicità di "Sé Impersonale Cosciente" in modo separato dal Sé Superiore che ha una Coscienza Universale in quanto è da questi che scaturisce il tutto, e a questo punto l'individualità del Sé Superiore – unico elemento effettivamente esistente – assume degli aspetti "simili" che però sono irreali ed illusori malgrado si manifestino con delle proprietà pensanti "autonome", generino pensieri e necessitino di "sfogare" la loro essenza.

Non essendo in grado di farlo però verso il Sé Superiore procedono utilizzando le "impurità", le "scorie" che sussistono nella rifrazione della luce del Sé Superiore attraverso "il diamante" che crea l'individualità, vale a dire la base della "materia".

Di per se la materia è inerme (o meglio ancora non esiste). Grazie all'azione della visione consapevole di un'identificazione del pensiero però, viene messa in "movimento" intenzionalmente la sua particolare energia. Avviene cioè un'astrazione delle varie caratteristiche della materia stessa affinché assuma un aspetto piuttosto che un altro. Questa astrazione comporta l'animazione della materia stessa a vari livelli vibrazionali che ne stabiliscono ogni sua particolare caratteristica, come l'aspetto (forma, colore, consistenza ecc.) e lo scopo e l'utilità nel contesto della sua "destinazione finale" che l'individualità ha stabilito. Questo corpo di energia è quello Astrale – che agisce appunto anche nel piano detto Astrale dove si ritiene risieda l'anima – ed è il principale agente nei "mondi inferiori" dei tre corpi che risiedono appunto in questo livello "infimo".

Al corpo astrale, infatti, soggiacciono il corpo eterico ed il fisico che stabiliscono l'illusione della consistenza materiale dell'essere umano.

Il corpo eterico è in pratica l'espressione del pensiero che agisce come contenitore delle particelle di materia necessarie a dare la forma "pensata" al pensiero stesso che, a sua volta, diviene "lo spirito" della forma risultante. Indi, come il pensiero immagina se stesso, così attrae le relative "scorie" materiali (per altro illusorie) a dare una forma apparentemente reale a quanto espresso.

Ecco che quindi il corpo fisico (il settimo, quello che riconosciamo guardandoci allo specchio oppure osservando qualsiasi cosa in questo mondo di "illusioni") assume le connotazioni dettate dal suo corpo eterico (il sesto), formato dall'astrazione animata (il quinto) della forma pensiero (il quarto) riflessa attraverso una personificazione di molteplici individualità (terzo) provenienti dalla visione (secondo) che la consapevolezza ha avuto di Se Stessa (il primo e unico corpo esistente).

La differenza tra le varie manifestazioni che posso percepire a livello materiale – quindi del settimo corpo, quello fisico – dipende dunque esclusivamente dalla porzione di riflesso individuale che agisce sul pensiero del raggio stesso. Ecco che quindi un raggio "minimo", "spento" o "lento", rimanda una materializzazione opaca, poco mobile e poco consapevole della propria "personalità" individuale come potrebbe essere una pietra. Mentre più il riflesso assume la maestosità del "raggio base", la sua luminosità e la sua velocità, più la "personalità" della materializzazione assume connotazioni che solitamente definiamo "elevate".

In sintesi abbiamo dunque tre corpi definiti "superiori" poiché sono ancora consapevoli della propria azione e del proprio intento nel dare seguito alle manifestazioni che ne derivano – manifestazioni per altro necessarie in un certo senso per poter prendere effettiva e più profonda coscienza del proprio stato attualmente ancora indefinito e incerto. Forse per semplicità potremmo chiamarli anche "Padre, Figlio e Spirito Santo" in modo da rendere più chiara l'idea di cosa essi rappresentano. Da questi tre corpi "superiori" sono venuti in esistenza gli altri quattro che come esseri umani riusciamo a delineare in un certo senso quasi in modo unanime, vuoi usando gli stessi termini usati qui sopra o usandone altri. Dunque il Sé individuale infonde l'anima al corpo fisico grazie al suo "spirito" che li mantiene uniti. Questa unione persiste fino alla disgregazione delle "scorie" che ne delimitano la consistenza illusoria percepibile solo a livello di Sé individuale.

Quando il Sé individuale (il quarto corpo, il pensiero) "abbandona" gli altri tre corpi inferiori (astrale, eterico, e fisico) non scompare ma bensì cessa semplicemente di emanare in quella direzione e con quella intensità il riflesso causato dal Sé Superiore e Personale attraverso le varie sfaccettature del corpo individuale che si sta identificando. Dunque la cessazione dell'esistenza dei quattro corpi inferiori, non significa che il riflesso del nostro Sé Superiore – che comunque è sempre presente nella nostra consapevole visione identificata nel pensiero che poniamo in azione attraendo la materia – cessi di esistere. Esso semplicemente "emerge" in un'altra "situazione".

Ognuno dei "miei" sette corpi qui descritti agisce contemporaneamente Qui e Ora. Principalmente lo fa con la propria qualità reale di "Sé Superiore", lasciandosi però influenzare dalle altre. Il mio pensiero è dunque frutto di quella parte più elevata di me che mi da la possibilità di esistere. L'impressione che posso trarne che il mio sia più un "pensiero materiale" piuttosto che un "pensiero spirituale" o superiore, dipende esclusivamente da quale stato di "coscienza" stia attingendo le nozioni necessarie per darne una valutazione. Se mi appresto a valutare una mia qualità semplicemente secondo una valutazione materiale personale o di quelle parti di "me stesso" che credo di riconoscere come individui separata da me, ecco che ottengo una opinione "illusoria" e "personale" sullo stesso livello materiale illusorio.

Quindi il pensiero sono sempre io come Sé Superiore ad esprimerlo, ma la sua valutazione e la sua "identificazione" dipende dalla velocità di realizzazione a cui "posso" accedervi come "identità separata individuale".

Io come corpi superiori sono quindi "puro pensiero immediato e onnipresente", mentre come corpi inferiori sono filtrato e costruito in uno spazio tempo materiale di "comodo". (NB. La "velocità" con cui un pensiero agisce, stabilisce anche l'elevatezza del pensiero stesso. Più un pensiero è elevato, più sarà "veloce". Ma va tenuto presente che il pensiero più veloce, non è quello che "prosegue" più in fretta da un punto A ad un punto B, bensì quello che si trova già in entrambe i punti. Il Qui e Ora ovunque).

Il mio pensiero elevato quindi è automatico e non fa distinzione tra se stesso e tutto il resto, non fa distinzione tra il giusto e lo sbagliato.

Il mio pensiero elevato lascia che il pensiero relativo al settimo corpo (quello materiale) continui a regolare in modo autonomo il flusso sanguigno nell'organismo e tutte le relative azioni necessarie alla sopravvivenza (assimilazione delle sostanze necessarie ed espulsione di quanto non necessario), lascio che si occupi dell'organizzazione delle sequenze necessarie ad espletare le funzioni fisiche, come camminare o compiere qualsiasi altro gesto. Nel momento in cui però mi soffermo a valutare tutte queste azioni mi lascio ingannare dall'illusione che siano realmente eventi che accadono, mi lascio convincere che sia tutto reale proprio ciò che (in realtà) è l'illusione che mi serve per sentirmi vivo al di fuori della mia essenza di... nulla...

Io e la realtà

La realtà è che esiste una sola cosa: Io! Un Io che scrive, un Io che legge, un Io che mi guarda scrivere o leggere... e via all'infinito.

Perché Io esisto? Perché sono vivo, quindi Io sono vita. La vita sono Io.

Ma Io non sono solo.

Se nella mia realtà ho creato Te, tu sei me. Tu sei vivo... noi siamo vivi, Io come tuo creatore e tu come mio creatore in quanto sei l'unico che mi può vedere, mi può definire, e forse mi può anche riconoscere per ciò che sono.

Nel momento in cui ho l'impressione che esista qualcosa oltre noi (quindi oltre me, oltre la vita stessa) sono Io che distruggo la nostra realtà, che distruggo la nostra vita e porto la confusione che mi distoglie dalla realtà

Esiste solo una realtà: la mia, e quando riconosci questo fatto è la nostra!

Io sono "il centro"! Per poterlo essere mi immagino ci sia qualcosa che mi circonda. Questo qualcosa sei tu, sotto qualsiasi forma io voglia.

Io, per esistere devo crearmi un corpo, ma non basta... devo crearmi anche uno spazio che mi contenga.... Ma non basta ancora... devo crearmi il tempo che mi dà la possibilità di osservarmi da vari punti e in vari modi. ... e per poterlo fare devo dimenticare di essere sempre io in tutti questi aspetti che mi sono creato.

La vita è semplicemente Io in divenire, Io che mi manifesto, Io che sono.

Io. Chi sono Io?

Chiedendo "Chi sono io?" viene spontaneo pensare che devo essere uno stupido per non saperlo e per giungere a pormi una simile questione... Scrivendolo e leggendolo mi rendo conto che non è poi così da stupidi chiederselo seriamente e darsene una risposta ancora più seriamente... ma soprattutto in modo obiettivo e sincero.

Il mio primo pensiero, lontano nel ricordo, il nulla. Quindi Io sono il nulla!

Essendo il mio pensiero come "Io il nulla" Io sono "tutto ciò che esiste", ma non esisto solo come "Io tutto".

Essendo "Io il tutto" non esisto più come "Io nulla" e così Io sono tutto ciò che esiste: il tutto e il nulla ma in modo separato.

Essendo "Io il nulla" non conosco cosa possa esistere all'infuori di me, anche se proprio "essendo" perdo me stesso come "nulla" dal quale la mia stessa essenza scaturisce.

Ecco che quindi Io sono sia quello che sono che quello che "non sono", perché senza ciò che non sono non sarei ciò che sono…

"Ma chi o cosa sono?"

Con il mio pensiero cesso di esistere come "Io nulla", anche se è proprio nel nulla che mi manifesto come "Io tutto", anche se è nel nulla che esisto come "Io sono tutto".

Eppure essendo nel nulla non significa che "Io nulla" mi contenga come "Io tutto".

"Io dentro" non esisto come "Io fuori", ma neppure "Io fuori" esisto come "Io dentro", anche se "Io sono tutto", quindi sia "Io dentro" che "Io fuori".

Come "Io tutto" quindi definisco me stesso nel modo che Io ritengo congeniale in quanto mi permette di essere "Io coscienza di me stesso, consapevole di essere il tutto del nulla e il nulla del tutto".

Io, con la coscienza di me stesso, definisco il mio essere come energia in divenire all'interno di me stesso, all'interno dei miei opposti.

Io sono il pensiero e risiedo nel pensiero. Sia come elemento in cui muovermi, sia come elemento che si muove.

Come "Io nulla" sono senza limite. Infatti il nulla non può avere un limite, non c'è nulla da cui essere separato se non il nulla stesso.

Come "Io tutto" sono senza limite. Infatti il tutto non può avere un limite, non c'è nulla da cui essere separato se non il tutto stesso.

Questo spiega la mia onnipresenza, il mio essere ovunque. Infatti tutto è semplicemente Qui dove Io sono, che equivale a ovunque se tengo conto che il Qui implica l'esistenza di qualcosa che possa essere in un luogo diverso dal Qui stesso ma che comunque fa parte del tutto e del nulla che Io sono.

Respirando Io non sono il respiro. Ed essendo il respiro Io non sto respirando.

Come da un risveglio improvviso inspiro profondamente.

Ecco la mia prima percezione della vita in quel respiro che si accompagna a immagini appena abbozzate.

Io e i nove sensi

Vista, udito, olfatto, gusto, tatto ...

Come sesto senso si definisce solitamente tutto ciò che riguarda le percezioni "extrasensoriali". Ma come dice già il nome, queste percezioni sono "extra". Si riferiscono dunque ad uno stravolgimento dei "normali" sensi dovuto a fattori non fisici bensì psichici. Quindi non corrisponde ad un senso a sé stante ma entra a far parte dei fenomeni non propriamente valutabili e misurabili.

Si possono però valutare almeno altri quattro sensi ben distinti che l'Io percepisce con la routine fisica – routine che naturalmente può venir sconvolta con la percezione extrasensoriale. Questi quattro sono: equilibrio, spazio, tempo e... individualità.

Spazio, tempo ed individualità sono sensi che si estendono in sovrapposizione tra ciò che si può definire "normale" e "extrasensoriale", infatti a livello di percezione si possono facilmente notare sfasamenti rilevanti nella loro percezione che non sono legati agli elementi fisici come accade negli altri sensi qualora venisse a presentarsi un danno all'organo preposto alla percezione dei sensi stessi.

Per quanto concerne dolore, intelligenza, ragionamento, estetica ecc. non è facile stabilire fino a che punto possano appartenere ai cosiddetti "sensi" in quanto rientrano in un "ambiente" che decisamente non è prettamente fisico ma bensì più energetico.

Io destino o libero arbitrio?

Destino o libero arbitrio? Oppure ancora istinto condizionato?

Fermo davanti ad un bivio che rappresenta due distinte possibilità, devo effettuare una scelta, non importa quale.

L'importante è non rimanere immobile a porsi le domande accennate qui sopra... l'importante è avere due o più possibilità tra cui scegliere... l'importante è proseguire quando hai scelto senza chiederti cosa sarebbe successo se avessi scelto un'altra possibilità piuttosto che quella che stai percorrendo.

Io mi sono permesso di assaggiare cose meravigliose e cose che invece mi hanno fatto piangere, soffrire. In tutti questi casi ho in seguito lasciato che queste situazioni si allontanassero, le belle con dolore, le altre con gioia. Potrei quindi dire che tutte indistintamente hanno prodotto le stesse situazioni di gioia/dolore/piacere, quindi tali emozioni non sono legate alle situazioni in sé, bensì al loro avvicinarsi o allontanarsi e, di conseguenza, dipendenti dal mio punto di vista nei loro confronti. Accettare queste situazioni come frutto del mio destino potrebbe abbattermi facendomi sentire inerme di fronte a cotanta miseria, mentre assumermene la responsabilità come libere scelte mi può dare da pensare che ho sbagliato dando per scontato che alcuni comportamenti non sono da ripetere, che alcune scelte non sono da prendere di nuovo, precludendomi forse così ulteriori possibilità di crescita.

Dolore e sollievo dipendono forse dal nostro osservare un evento avvicinarsi o allontanarsi con la sola implicazione del pensiero.

Quindi la risposta è: decisione, scelta emotiva.

Destino, fato, libero arbitrio, ispirazione divina... Nulla ha senso se manca l'azione che effettuiamo e tutto ha comunque senso anche se non agiamo in quanto abbiamo fatto una scelta, quella di non agire.

Qualsiasi cosa noi scegliamo quindi la scegliamo con il libero arbitrio ed è destino che la scegliamo. La scegliamo sia con i condizionamenti cui siamo sottoposti e sia con il pensiero che in quel momento ci appare il più elevato. Non si può dire se siano scelte giuste o sbagliate. Sono solo scelte e basta.

Io Dove e quando

Dire che io sono qui e "tu" sei lì non è affatto in contraddizione con il dire Io sono lì tu sei qui. Entrambe le asserzioni sono reali se prese singolarmente, ma se invece le prendiamo contemporaneamente si crea il pensiero analitico che tende a dare una di queste affermazioni per "reale" a scapito dell'altra. Con ciò intendo che tutto è vero e che qualsiasi idea è vera finché non ne viene analizzata una in contrapposizione che ne sconvolge l'assoluta verità.

Nel momento che io sono il vuoto, il nulla più assoluto, ho quindi ragione fino a quando non lo "realizzo", o meglio fino a quando non lo penso. Dal momento che lo penso interpongo tra le due realtà apparentemente contraddittorie un "punto" di scelta tra l'assenza e la presenza, tra il vuoto ed il non vuoto, come realtà uniche e inequivocabili. Sceglierne una piuttosto che l'altra non è né giusto né sbagliato perché in entrambe i casi io sono realizzato, ora come nulla e ora come Io pensante o come il pensiero stesso.

Dunque non sono Io in un universo bensì questi è dentro di me. L'universo è Io che si manifesta al mio "giudizio". Se tralascio il "giudizio" ecco che Io appare esattamente quale è, senza i condizionamenti che riceve dalla stessa illusione che riesce a creare.

Non è la coscienza del tempo ad essere diversa tra ciò che credo separato da me in qualità di vari individui, civiltà, fasce di età eccetera. Non dipende neppure da una cultura monocronica che definisce il tempo orizzontale e neppure policronica che lo pone invece in verticale. Tutto dipende solo dal modo in cui tale tempo viene impiegato e definito concettualmente. In effetti un giorno è per tutti un giorno e un anno di 12 mesi sarà per tutti un anno. Al massimo è la percezione temporale dell'individuo a farne delle differenze.

Il continuo mutamento della percezione temporale è direttamente "generato" dall'Io con l'ausilio di fattori che possono essere "interni" o "esterni", fattori che predispongono dunque ad una reazione dissimile nei vari casi.

Tempo monocronico e policronico

(Specifica tratta dalla rete)

Monocronico è un termine per definire una persona estremamente legata a programmi e scadenze, chi si rende schiava del tempo come per esempio chi pensa solo a "produrre". Policronico si riferisce invece a chi non è legato ai ritmi frenetici delle società consumistiche ma bensì riesce a godere dell'attimo sciogliendosi facilmente da eventuali impegni legati al tempo.

Solitamente un essere monocronico ritiene disorganizzato e inaffidabile un policronico. La definizione di tempo orizzontale per il tipo monocronico dà proprio l'idea di un continuum di tempo strutturato in "passato", "presente" e "futuro" secondo proprio una linea precisa, organizzata e ben definita, mentre il tempo verticale denota maggiormente l'importanza del momento relativo al "presente" sulla linea dello "scorrere" del tempo, quindi il qui e ora che permette una maggior libertà di scelta e di azione all'interno della propria esistenza.

Le persone monocroniche:

- Fanno una cosa per volta
- Si concentrano sul lavoro

- Prendono molto seriamente gli impegni legati al tempo (scadenze, programmazione)
- Agiscono in una logica low-context[2] ed hanno bisogno di informazioni chiare e precise
- Sono coinvolte dal lavoro e non permettono intromissioni di disturbo
- Seguono in modo accurato i loro programmi, i progetti e i piani di lavoro
- Si preoccupano di non disturbare, seguono le regole della privacy e della premura nei confronti degli altri
- Mostrano grande rispetto per la proprietà privata; prendono in prestito o prestano con molta difficoltà
- Esaltano la puntualità
- Sono abituate a relazioni di breve periodo

Le persone policroniche, al contrario:

- Fanno molte cose contemporaneamente

---

[2] Low context e High-Context indicano rispettivamente dei comportamenti tipici in cui si affronta un discorso. Nel Low-Context le asserzioni sono chiare e dirette (per esempio «Io faccio di tutto in difesa degli animali) mentre nel High-context si costruisce sia attorno che sul tema stesso (per esempio « gli animali sono esseri meravigliosi. Il loro comportamento sarebbe da prendere ad esempio anche da noi umani » ecc. ecc.) quindi arricchendo la comunicazione sia con la dialettica che spesso anche con la mimica. Diciamo che in generale quindi un artista solitamente si esprime proprio in un High-Context in quanto è in grado di vedere oltre a certe situazioni e di descriverne non solo il senso ma anche proprio tutto il contesto che le riguarda.

- Si distraggono e interrompono facilmente
- Considerano che un obiettivo si debba raggiungere, se possibile
- Agiscono in una logica high-context (vedi nota precedente) e possiedono già le informazioni a loro necessarie
- Sono coinvolte dalle relazioni umane e dalle persone
- Cambiano spesso e facilmente i loro piani, i loro programmi
- Si preoccupano di più di coloro ai quali sono legati (famiglia, amici, colleghi stretti), piuttosto che della privacy
- Prestano e prendono in prestito spesso e facilmente
- Basano la puntualità sulle relazioni
- Hanno una forte tendenza a costruire relazioni che durano per tutta la vita

Io come qualità

Sono Io che creo l'uomo, lo creo a mia immagine e somiglianza, lo creo cioè come io me lo immagino: buono/cattivo, bello/brutto, caldo/freddo, ma comunque somigliante come essenza e funzionamento fisiologico. Ciò che infondo all'uomo sotto forma di bontà o cattiveria, di bellezza o bruttezza, è esattamente ciò che già esiste in me stesso come idea, sono quindi io a scegliere.

Come, Cosa, Quando

Sono moltissime le cose che influiscono sul comportamento di una persona, sul suo modo di pensare, di agire,... di trarre delle conclusioni.

Spesso le influenze sono palesi e facilmente ricollegabili ad eventi ancora vivi e ben distinti nei ricordi, altre volte invece sono ben celate ed accuratamente nascoste alla nostra mente, ai nostri ricordi.

Può trattarsi di eventi isolati che scalfiggono in modo chiaro ed indelebile la struttura della nostra personalità oppure possono essere diverse situazioni anche non collegate tra di loro che formano una sorta di fardello che appesantisce e rende più arduo il suo smaltimento.

L'ideale sarebbe vivere esclusivamente nel presente evitando di pensare ai tempi che non sono quelli del "ora e adesso", ma nel caso che il nostro "ora e adesso" non risulti felice e soddisfacente significa che abbiamo perso il filo conduttore dell'ideologia del presente, quindi l'analizzare quanto noi riteniamo sia il nostro passato può essere utile per migliorare tale ideologia affinché anche "domani" ne possiamo essere sempre più coscienti.

Una cosa importante è la predisposizione nell'accettare quanto del nostro passato riportiamo man mano alla luce senza giudicare, senza quindi accettare o rifiutare ciecamente tutto quanto riporteremo al "presente" durante il viaggio all'interno del nostro pensiero. Eventi o situazioni che potrebbero apparirci a prima vista negativi potrebbero invece risultare positivi e viceversa. Una volta convinti di ciò possiamo passare direttamente alla prima parte dei nostri "esercizi" nella quale dobbiamo impegnarci in modo serio per trovare il capo della matassa che vogliamo sbrogliare.

Ma cosa sono questi esercizi?

Si tratta di domande che rivolgiamo al nostro essere, che non devono essere ragionate o pensate ma che devono portare ad una risposta istintiva e sincera, il fatto di rispondere in un modo o nell'altro non implica nessun punteggio o qualifica, servono esclusivamente a mostrarci il nostro vero aspetto come se ci si guardasse allo specchio, mantenendo quindi una certa distanza tra ciò che siamo e ciò che crediamo di essere. Per esempio:

Sono soddisfatto di come sto conducendo la mia esistenza? Sono d'accordo che la mia esistenza sia condotta da altri? Le decisioni importanti che prendo seguono la mia ideologia? Sono io che decido la mia vita o mi lascio influenzare dal pensiero di chi mi è vicino?

Agisco spesso d'istinto? Mi preoccupo del mio prossimo, dell'ambiente in cui vivo e della società? Critico spesso il mio prossimo? So assumere le mie responsabilità? Sono sincero con gli altri? Sono sincero con me stesso?

Se abbiamo risposto no ad almeno tre di queste domande, e abbiamo naturalmente risposto in modo sincero, significa che qualcosa ci sta trattenendo per la camicia impedendoci l'abbandono sulle onde placide e rilassanti del presente.

Nessun'altro all'infuori di noi stessi può aiutarci, anche il migliore degli psicologi non fa altro che accompagnare il paziente sulla sua "autoguarigione" mentre il lavoro più importante viene sempre effettuato dal paziente stesso. Le domande che ci dobbiamo porre sono le stesse domande che noi potremmo porre ad un amico fidato con cui abbiamo molta confidenza e che sa benissimo riconoscere quando non siamo sinceri.

Alcuni esempi? Ecco come potrebbe essere un dialogo tra me stesso:

mi sono appena alzato, mi guardo allo specchio.

"Che faccia stupida hai oggi"

"È la mia, non posso farci nulla"

"Sarebbe ora di radersi"

"Magari più tardi ora voglio solo un buon caffè"

"beh ma quando sei ben rasato sei molto più carino"

"ma chi se ne frega, tanto non devo piacere a nessuno....."

Solitamente questi pensieri passano nella nostra mente senza che ci si renda conto che li stiamo facendo, imparando ad esprimerli in modo chiaro scopriremo che un dialogo con noi stessi non è assolutamente monotono ma può rivelarci in modo ben definito alcuni pensieri o modi di pensare di cui non ci siamo mai resi conto. Ci troviamo così coinvolti automaticamente in un colloquio con il noi di ieri, dell'altro ieri o di alcuni anni fa e questo nostro "interlocutore" sarà per noi come l'immagine allo specchio, vale a dire noi stessi all'infuori del nostro essere. Questo nostro "riflesso" sa che può essere sincero fino in fondo con il nostro essere e viceversa.

Ci si scambiano consigli, ricordi, ci si sostiene il morale… si discute di sé…

Io Amore

"Voglio l'amore…"

"E come dev'essere?"

"…una bella persona, premurosa, gentile con me, sincera, che mi faccia star bene e che mi sappia soddisfare anche sessualmente…"

"Perché non dici che vuoi essere una bella persona, gentile, sincera, che fa star bene e che sa soddisfare anche sessualmente, per quella parte di te che credi separata da te?"

La sacralità dell'Io-Dio

La mia genesi (quasi ricapitolando).

Stabilisco la mia essenza separando i fluidi, ed ecco che ho un alto e un basso, ho qualcosa che posso usare per darmi un'idea di presenza. Confermo questa mia presenza con la sensazione di luce e tenebra in modo da ottenere ogni gradazione di trasparenza e una consistenza materiale del mio essere.

Sono maschio e femmina in quanto non esiste altro essere come me per darmi la possibilità di definirmi in quel senso. Sono immerso nel fluido di me stesso, fluido che rendo più consistente per muovere in esso a piacimento la mia idea. Riempio questo spazio di idee di meravigliosa e indicibile bellezza immaginando i pianeti, le stelle, la terra, gli alberi, i fiori, gli animali che riempiono le acque, i cieli e la terra.

Con un soffio eleggo a governo della mia creazione un essere speciale come da mia immagine, o meglio dall'immagine che traggo dalla mia idea di come debba essere, e poi affianco a questo essere un altro quasi simile che lo aiuti e lo completi. Insegno loro la gioia della spensieratezza, ma il seme della (mia) ragione cresce in loro e perdono il controllo, perdono la fede sulla loro meravigliosa essenza. Si struggono così nel timore di una mia vendetta che mai potrà arrivare.

Lascio che abbiano l'impressione di perdersi, o di trovarmi, o di credere di non essermi sufficientemente vicini. Lascio che a loro volta mi immaginino con gli aspetti più diversi, anche simili al corpo fisico che si sono scelti per provare a loro stessi di esistere. Lascio che continuino a seguire Dei diversi da me, perché so che ogni Dio è comunque me, se non lo fosse non sarei Dio. Lascio che mi chiamino con il nome che preferiscono perché tutti i nomi sono il mio nome, ma anche perché in realtà io non ho un nome. Lascio che credano veramente in un inizio e una fine diversi da quelli reali. Lascio che si rivolgano a me e mi chiedano l'aiuto che sono convinti di non potersi dare da soli e lascio che credano che la soluzione che hanno trovato sia quella che ho suggerito.

Lascio semplicemente che l'uomo continui a vivere anche se crede di morire o di vedere qualcun altro farlo. Lascio che mi creda o che non lo faccia quando gli suggerisco le più belle cose che si possano immaginare. Lascio che mi uccida o che mi elegga a salvatore.

Il Dio Confuso

Il termine Dio è spesso usato in modo confuso e inappropriato. Difficilmente infatti si può avere la certezza che il nostro interlocutore sia in grado di riconoscere il Dio di cui stiamo parlando senza confonderlo con il Dio in cui fermamente crede (o non crede) o di cui lui abbia sempre sentito parlare. Solitamente già questa asserzione porta una persona "monoteista" a fraintendere quanto detto credendo di leggere tra le righe l'esistenza di più Dei. Dal canto suo un "politeista" invece riconosce chiaramente ciò che ha sempre ritenuto, cioè che esistano più di un Dio in forma separata, ma veramente non è neppure questa la giusta interpretazione di quanto poc'anzi detto. L'ateo invece ha probabilmente già evitato accuratamente di leggere un testo con il titolo di "Dio Confuso", a meno che non abbia creduto di trovare un campo fertile per dar sfogo alle sue colpevolizzazioni verso le religioni, le chiese e soprattutto verso quel Dio in cui non può assolutamente credere.

In molti dei miei testi uso questo termine, questa definizione, esclusivamente nel contesto del discorso affrontato. Cercando però di assecondare l'idea di Dio usata in quella particolare situazione traggo forse in inganno il lettore che ritiene io stia confermandone la definizione data o intesa, e non riesce a percepire nel modo corretto di cosa io stia parlando e cosa stia esattamente dicendo.

In modo da chiarire il mio punto di vista – che si trova ovunque nell'infinito – cerco quindi di dare qui una definizione di cosa io veramente riesco a vedere, percepire e soprattutto comprendere con il termine Dio.

Che si parli di Javé, Elohim, Brahma, Zeus, Odino, Quezoalcoalt, un nome "impronunciabile" o segreto, tutti i nomi, il "mio" nome o qualsiasi termine si usi per definire Dio, è più che appariscente che si stia facendo riferimento a qualcuno (o qualcosa) che abbia effettivamente e volontariamente provveduto alla creazione del tutto con la propria volontà, dunque consapevolmente e con metodo.

Come prima cosa tengo a precisare che il "mio Dio" – cioè ciò che personalmente intendo quando ne faccio riferimento – non è assolutamente un essere a sé stante. Non è un essere che ha creato un Universo con il solo scopo di soggiogarlo a suo piacimento punendo chi non segue le sue direttive e premiando chi invece le segue.

Non è neppure quell'essere rappresentato come un vecchio canuto dall'iconografia classica. Le direttive (o leggi) che si attribuiscono ad un simile Dio sono state scritte da semplici uomini (seppur forse ispirati) avvalendosi della dichiarazione che siano giunte da un'entità superiore che ha scelto loro e la loro stirpe (e solo, esclusivamente loro) quali messaggeri di salvezza per l'umanità. Questo a volte con la convinzione fosse semplicemente e veramente così e a volte invece con dei propositi ben precisi e poco spirituali.

In molti casi queste leggi potrebbero essere sintetizzate in qualche semplice "comandamento" che implichi valori morali che regolano la nostra esistenza affinché il nostro comportamento non sia in contrasto e/o dannoso per il nostro prossimo (o con ciò che riteniamo il nostro prossimo, ma questo è un discorso che ho già trattato separatamente). Alcune di queste leggi si possono considerare "giuste" e…, lo dico a denti stretti, di una certa levatura spirituale, ma è comunque superfluo tutto quanto viene largamente aggiunto in voluminosi tomi di migliaia di pagine dove parte di quanto esposto può essere ritenuto frutto di fantasie (per alcuni addirittura cospirazioni) e in alcuni casi forse anche di farneticazioni.

Finché quindi un individuo basa la sua idea su Dio in base a ciò che gli viene insegnato, detto, raccontato o inculcato, avrà sempre difficoltà a percepire questa entità creatrice nel suo vero e unico modo di essere

Dio. La sua idea sarà dunque contaminata da falsità che lo portano ad allontanarsi da quella realtà che invece è così semplice che solo i bambini sanno vederla chiaramente.

Anche chi si accanisce contro l'idea dell'esistenza di un Dio e asserisce che siamo noi stessi gli unici artefici della nostra vita, anche se sta dicendo il vero in fondo si lascia illudere da convinzioni materialistiche ed egoistiche. Ma non per il fatto di sentirsi più importanti di un possibile Dio, bensì per il fatto che spesso a sua volta pretende di imporre il suo "punto di vista" (comunque anche questo ovunque nell'infinito) a chi invece potrebbe avere un'idea di "Dio" proprio come entità insita in noi stessi, nel nostro corpo, nella mente e nel "cuore".

Non nego che anch'io – molti, ma molti anni fa – credevo al Dio cattolico Cristiano raffigurato dall'iconografia classica come un "umano" attempato, burbero, severo e vendicativo che da qualche millennio aveva smesso di parlarci e condurci per mano verso il Paradiso, questo grazie ai nostri peccati che commettiamo in continuazione. Poi sono iniziate le domande, i confronti con gli Dei di altre religioni, le ricerche della Verità tra le varie verità assolute che in tanti cercano di propinare condite dalle più svariate salse.

Non è che abbia comunque affrontato chissà quali studi. Mi sono accontentato, e mi accontento tuttora, di leggere tutto quanto abbia potuto attirare o attiri la mia attenzione. Cercando per altro di non lasciarmi condizionare troppo da questa idea piuttosto che dall'altra – ma semplicemente cercando di capire cosa stessero suggerendomi i vari autori, i vari personaggi o le più disparate entità – ho assimilato un discreto bagaglio di informazioni (tengo a precisare "assimilato" e non "imparato a memoria", quindi dati presenti a livello più inconscio) che secondo la mia mente logica sono state catalogate come interessanti, possibili, probabili, fattibili e, soprattutto, sensate e sperimentabili direttamente.

Oltre naturalmente alle nozioni Cattoliche e Bibliche, queste mie ricerche mi hanno portato a toccare sia le filosofie indiane (induismo, brahmanesimo ecc.) e il buddhismo, Rosacroce, la Golden Dawn, Alchemia. Ho toccato argomenti di etica, filosofia, teologia, teosofia, dottrine segrete e non, princîpi dei quanti (e dei pochi), la teoria delle stringhe (orribilmente tradotto dall'inglese "string" che significa corda), la legge di attrazione, neurologia (a livello amatoriale ma comunque esaustivo), l'evoluzione secondo Darwin, psicologia Freud-Junghiana, parapsicologia, lo spiritismo a partire da Allan Kardek, scienze occulte, Kinesiologia, EFT, Brain Gym e Touch for healt, pranoterapia, mesmerismo, Ho-oponopono, e poi ancora le varie divinazioni come i tarocchi, I Ching, la sfera di cristallo. Ho toccato anche argomenti come la scrittura automatica, sia personalmente che tramite altri "autori" (tramiti?) come Neale Donald Walch. Poi anche fenomeni di channeling soprattutto riferiti a Edgard Cayce, Abraham-Hicks, Ramtha-Knight, per non parlare anche di personaggi come Roberto Assagioli e Giuseppe Filipponio, Richard Bach, Pitagora, Michael Ende, Walt Disney, Erick Von Däniken, Platone, Giordano Bruno, Van der Leeuw, Leadbeater, Sai Baba, ma anche come Aleister Crowley ecc. Dulcis in fundus (ma abbastanza in fundo) anche qualche ricerca e interesse sull'ufologia (UFO e USO). Insomma, chi più ne ha più ne metta.

Diciamo che di tutto quanto ho indicato è rimasto attaccato qualcosa al mio modo di pensare, vedere, ascoltare. A volte già a me stesso ciò appare confuso, ma poi riesco a riallacciare le mie opinioni ad almeno più di una di queste esperienze. Quindi mi sono fatto un'infarinatura di tutto un po' senza per altro avere preferenze o diventare più afferrato in un ramo piuttosto che in un altro. Praticamente un po' come quel mio amico francese purtroppo scomparso (Dominique Gonelle) che un giorno mi disse: "Voi svizzeri parlate molte lingue, ma nessuna in modo corretto" (e questo si può forse anche notare dal mio italiano, ne sono convinto). Ecco, lo stesso vale per le mie conoscenze, quindi facilmente potrei anche confondere un nome con un altro, oppure faccio abbinamenti con le altre lingue che conosco (appunto non in modo perfetto) e potrei dare l'impressione di non sapere cosa dico o di parlare a vanvera. Quindi chiedo scusa, anche se forse già troppo in ritardo…

Per concludere quindi: quando io dico "Dio" intendo qualsiasi qualità ne possa emergere nelle varie possibilità di descrizione, tranne naturalmente quella dell'umano attempato. Se da qualche parte per esempio dico che "Dio disse ad Abramo di sacrificare Isacco" (Genesi, 22-13), non è tanto per dar valore e riconoscimento a un Dio esteriore che vuole mettere alla prova l'ubbidienza di un suo fedele servitore, bensì per portare un esempio di "pensiero fuorviante" che potrebbe sorgere dal nostro intimo oppure potrebbe addirittura esserci suggerito da terze persone con l'intento di soggiogarci ai loro desideri, quel pensiero cioè che porta a compiere atti insensati – purtroppo spesso anche con esiti drammatici – credendo di compiere il "volere di Dio". Lo stesso dunque vale anche per le citazioni mitologiche, poetiche, storiche, fantastiche ecc.

Nei miei vari testi dunque cerco di toccare i più svariati temi nel modo più serio e rispettoso possibile. In fondo comunque sono tutti collegati al mio "punto di vista ovunque nell'infinito", e sono punti che non sono destinati a ferire il pensiero o l'idea di nessuno – se invece dovessero farlo, chi si sente ferito dovrebbe forse non prendere tutto così seriamente e accettare che al mondo esiste anche chi la pensa in modo differente.

Personalmente ho un paio di piccoli motti che mi piace ricordare:

"Io sono responsabile per ciò che dico, non per ciò che capisci"

"Il bello delle nostre convinzioni è che le possiamo cambiare quando vogliamo"

Cioè con queste due frasi intendo sottolineare che la mia intenzione di dire le cose ha una base che cerco di esprimere al meglio e in modo chiaro, e se qualcuno non riesce ad afferrarla è perché, per vari motivi, non vuole vederla e trova tutte le scuse possibili per annullarla, per spegnerla.

Non meno importante tengo a precisare che ciò che io dico è esclusivamente il risultato di un mio pensiero logico. Un pensiero costruito fino a quel momento, se un domani quindi subentrano altri elementi che mi convincono esistano altri sbocchi, sono il primo ad accettarli e portarli avanti. Guai se mi fermassi alla prima osteria dove ho trovato il vino buono, può benissimo essere che in altre ve ne sia di migliore.

Alla base di ogni pensiero si possa avere troviamo la consapevolezza del pensiero stesso. Consapevolezza data dalla nostra Coscienza più pura di cui, spesso, non siamo pienamente... consapevoli nel qui e ora.

Vedere Dio, Sentire Dio ed Essere Dio

Trovarsi di fronte a Dio direttamente è impossibile in quanto ne farebbe un essere completo e finito, mentre Dio non può essere ciò. Ha bisogno del nostro aiuto per sentirsi tale, o almeno avere l'impressione di esserlo. Dunque Dio è un "Senza Forma" che si espande nella Forma.

C'è un punto interiore che stabilisce il mio essere come persona, come pensiero, come agente. Per avere un punto interiore devo anche avere, di conseguenza, un punto esteriore, il che non significa però letteralmente che sia "fuori dal mio corpo", ma che si tratta solo di un riferimento ben distinto, seppur illusorio, in modo da darmi la coscienza – sensazione o illusione – di essere persona, pensiero, agente, animatore…

Questa descrizione potrebbe benissimo essere il "pensiero di Dio" che lo porta a creare il mondo fenomenico che conosciamo. Quindi si desume che siamo noi a dare a Dio il significato che noi riteniamo gli si addica di più, indipendentemente dal fatto che questo significato sia o meno corretto.

Nelle mie ricerche, cosa mi dice in continuazione che Dio non è ciò che molta gente pretende di farmi credere che sia? Probabilmente proprio per il fatto che queste persone "pretendono" di imporre il loro Dio che hanno costruito su favole e racconti creati per soggiogare proprio i miti e i giusti che portano Dio nel loro cuore.

Perché Dio dovrebbe parlarmi tramite gli altri? Perché le cose che mi dice tramite gli altri rispecchiano solo ed esclusivamente le idee e le convinzioni di questi e differiscono da quelle di altri ancora?

Così chiedo direttamente le cose a Dio...

Dio parla a te come parla a chiunque altro. Piuttosto chiediti perché in troppi non lo ascoltano e preferiscono ascoltare gli altri. Per questo dicono ciò che rispecchia le loro convinzioni e non le tue.

Esiste una religione unica e vera? Esiste una verità assoluta?

L'unica vera religione è quella che riesce a mettere tutti d'accordo ad accettare chiunque e qualsiasi cosa come parte di un unico sistema di cose, indipendentemente dall'idea che se ne abbia.

A cosa serve la vita? Serve a scoprire che siamo vivi? E cosa significa essere vivi? Esplorare e ricercare la vita?

La vita serve a rendersi conto di esistere. Se non ci fosse questo intento di scoperta di sé non ci potrebbe essere la vita.

Allora c'è un chiaro riferimento a quanto si puo per esempio leggere nel testo de "Il Conte di Saint Germain" *Vita impersonale – io Sono*, cioè:

...in qualsiasi momento fermati e ripetiti: "Sii calmo e sappi. Io sono Dio" in modo da permettere alla più elevata manifestazione della mia idea di "Dio" di manifestarsi.

In quel momento ecco che "mi viene dato" ciò di cui ho bisogno, o meglio: creo ciò di cui ho bisogno grazie proprio al mio "affidarmi alle mani di Dio" (per modo di dire), che in qualsiasi caso sta facendo proprio il meglio per me.

Dunque la creazione, intesa come atto in continua manifestazione dell'essere, avviene proprio quando io non interferisco ma, in un certo senso, ho fede nel mio scopo che si trova nel mio profondo Sé, in modo inconscio, e permetto che venga fatta proprio questa "volontà divina" che non è scritta da nessuna parte e non è prerogativa di nessuno in quanto distinta e personale per ognuno... Sembra quasi complicato, no?

Come un pensiero si delinea su un percorso tracciato dalla necessità, anche la creazione si delinea su un pensiero della realtà stessa come solitamente ti appare. Permetti a questo pensiero di manifestarsi e vedrai come tutto sarà più chiaro e semplice.

Come posso sapere con certezza quale sia il mio pensiero creativo?

È esattamente quello che vedi manifestarsi.

E come posso dirigerlo con consapevolezza?

Semplicemente facendolo tuo. Quando realizzi che ciò che succede è ciò che stai creando sarai anche in grado di gestire la tua creazione con responsabile divinità. Le idee che ti aiutano nel tuo intento le stai già sviluppando. Lo Spirito Santo è l'azione della tua idea sulla materia.

Io sono qui adesso.

Non v'è nulla che possa essere di disturbo a questo fatto. Ammettendo che (io adesso) decida di essere in un punto che potrebbe essere definito "futuro" o "passato", sarei sempre nel mio adesso, ciò perché esiste solo proprio questo "io adesso" e null'altro.

Cos'è l'io adesso? Proprio questo (io sono) in espressione. Dio (cioè Io) in perfetto divenire.

Io sono – qui adesso – fermo!

Io sono Dio, il moto immobile, la perfetta illusione, sono l'unica cosa esistente sotto molteplici aspetti che mi danno l'illusione di essere separato da me stesso.

Fermo!

Prendi conoscenza che Io Sono Dio!

La Coscienza Originaria

L'individuo possiede tutte le forze e la comprensione necessarie per vivere consapevolmente in modo meraviglioso. Spesso comunque preferisce rimanere prigioniero delle sue stesse illusioni per approfittare di poche magre consolazioni. Se solo invece si liberasse da certe convinzioni sarebbe in grado di librarsi in un mondo infinito fatto di infinite possibilità.

Queste forze e questa comprensione sono l'energia più pura della parte saggia dell'individuo stesso, e questa energia interferisce con ostacoli di varia difficoltà sullo scorrere della routine illusoria. Lo fa agendo proprio su ciò che più interessa l'individuo nel mondo materiale. Lo fa cercando di mostrare quanto certi desideri siano illusori e di poco conto. Continuerà a farlo fino a che l'individuo non si renda finalmente conto di cosa egli sia realmente, fino a che si liberi dai veri ostacoli riuscendo ad ammirare la perfezione in ciò che credeva lo tormentasse.

Lottare contro le difficoltà che ci sottopone questa energia – la Coscienza Originaria – significa praticamente nutrire queste difficoltà stesse e renderle sempre più efficaci contro la condizione di libertà dell'individuo. Questa lotta dunque stimola ancora di più la morsa che erroneamente l'individuo ritiene nemica del suo stesso essere. Più la lotta si fa accanita e più il confronto prende forza e importanza.

È solo l'individuo stesso che ha la possibilità di sciogliere e liberarsi da quella prigione immaginaria, e lo può fare solo smettendo di affannarsi contro di essa in modo che semplicemente smetta di esistere. L'energia infatti va esattamente dove l'individuo la pone. Ciò che l'individuo deve realizzare è che non è l'energia ad essere responsabile di ciò che (crede) lo disturbi e lo ostacoli, bensì è proprio lui stesso che non è ancora in grado di farne buon uso e la impegna a realizzare proprio ciò che non vuole invece che ciò che vuole.

Questa possibilità viene concessa al termine di ogni piccola battaglia, proprio nel momento che sta tra la battaglia trascorsa e la prossima a venire. In questa fase di "pace" l'individuo dovrebbe riuscire a rendersi conto che la vittoria è proprio in questa fase, non nella battaglia stessa. E questa "vittoria" non è una conferma della sua ragione verso ciò che ha ritenuto un ostacolo, bensì la tregua per potersi mettere in discussione, per realizzarsi come superiore alla battaglia stessa.

Questa superiorità non deve però essere sfoggiata con presunzione, bensì con la semplice consapevolezza della propria Coscienza Originaria e dei suoi molteplici – e a volte contrastanti – poteri. La presunzione – così come l'accanimento – infatti non fa che reindirizzare nuovamente l'energia proprio dove non la si desidera manifesta, mentre la consapevolezza permette che venga utilizzata secondo lo scopo originario: il raggiungimento di uno stato di gioia e benessere.

(Sulla Coscienza rimando il lettore al libro precedente "Qui e Ora" dove nel capitolo "La Coscienza" analizzo i vari livelli di coscienza, quella del Sé, quella emotiva, come quella istintiva e la creativa)

L'intenzione più importante

Chiaramente riferito a quanto detto ne "La Coscienza Originaria" – cioè che l'energia va dove la si pone e che prestando attenzione a cose che disturbano non si ottiene che un accrescimento del disturbo stesso, qualcuno ha commentato che distogliere l'attenzione da un certo tipo di situazioni non è affatto la soluzione migliore. Infatti è stato portato l'esempio dei conti da pagare, dove distogliendo l'attenzione dalle bollette e dai conti si riesce ad ottenere una certa situazione di pace e soddisfazione... fino a che non sopraggiungono i richiami con spese, problemi supplementari ecc.

In effetti cosa succede? Succede che prendendo solo parti separate di un discorso se ne può stravolgere completamente il significato. In questo caso per esempio si è omesso di prestare anche attenzione al fatto di dirigere l'energia – quindi l'attenzione stessa – dove si vuole che questa venga effettivamente utilizzata.

Ciò cosa significa? Significa che nel caso delle bollette l'energia dovrebbe venir incanalata a realizzare la possibilità di pagare tali bollette, non a "farle sparire" (cosa che praticamente non è "umanamente" possibile). Vi è infatti una gran differenza tra una forma di "menefreghismo" e una forma invece di indirizzamento della propria volontà verso la soluzione dei problemi (ostacoli) che si incontrano.

Nel caso delle bollette e delle fatture quindi si ha da stabilire innanzitutto l'intenzione in merito, cioè in che modo impiegare l'energia.

Le possibilità sono tre: pagare; non pagare per validi motivi; non pagare per menefreghismo.

Questa intenzione è importante per prendere effettivamente coscienza sulla reazione da tenere nei confronti di una situazione, intenzione che comunque si può sempre modificare in qualsiasi momento in quanto non prettamente vincolante.

Per pagare non c'è bisogno di fissare semplicemente le bollette pensando "oddio devo pagare le fatture". In questo caso l'energia è dispersa ad aumentare le fatture da pagare, non a pagarle. Una volta individuato il metodo per provvedere al pagamento si deve dirigere lì tutta l'energia. Dunque per pagare servono i soldi, e per avere i soldi necessari si deve comunque fare qualcosa. Non mi si prenda sul serio ma questo qualcosa potrebbe anche essere una rapina in banca, ciò non toglie che comunque comporta un'azione che richiede la nostra energia. Mi piace citare l'esempio dell'individuo seduto davanti alla stufa che le chiede di dargli calore e in cambio lui gli procurerà la legna per ardere... prima metti la legna, solo in seguito puoi avere il calore...

Il non pagare per validi motivi funziona nello stesso modo: l'energia viene indirizzata alla soluzione del problema che equivale a non riconoscerne una giustificazione. Anche in questo caso l'energia è distolta dai conti da pagare e viene impiegata per dimostrare e sostenere le motivazioni che ci portano a contestarli.

In questi due primi esempi è chiaro che l'attenzione è stata distolta dalle fatture da pagare passando in un certo senso lo scopo che si vuole raggiungere da un punto ad un altro, vale a dire dai conti sospesi ad altri fattori più costruttivi ma comunque ad essi collegati.

Nel terzo caso – il non pagare per menefreghismo – vi è invece proprio un tentativo di eludere completamente una situazione che, volenti o nolenti, è presente nella "realtà" (per modo di dire). Questa situazione prima o poi tornerà nuovamente a farsi sentire con un sonoro ceffone per mostrarci che è ancora in attesa di una azione in merito.

L'intenzione più importante è e rimane comunque quella di star bene ed essere felici, il che non significa rimanere immobili e vegetare per evitare di confrontarsi con "la vita stessa", ma significa affrontare proprio con serenità e benessere ogni asperità, forti della propria Intenzione cosciente (che comunque possiamo sempre cambiare....)

Maya, la grande illusione

Solitamente si ritiene reale tutto ciò con cui si può entrare in contatto fisicamente, tutto ciò che causa delle reazioni a livello di sensi. Sensi che solitamente limitato a 5, visto che tutto il resto viene automaticamente catalogato in un universo immaginario o fantascientifico, e questo probabilmente anche a ragione in quanto "gli altri" non sono misurabili con dati precisi e test affidabili basati – naturalmente – sui 5 sensi "riconosciuti".

Le sensazioni e le emozioni? Semplici reazioni chimiche a determinati impulsi in precise zone del cervello che, a dipendenza della situazione, rilasciano una determinata sostanza chimica più che un'altra. Ecco che viene da chiedersi: sono davvero queste reazioni chimiche che ci fanno provare emozioni o avere sensazioni? Si tratta prevalentemente di neurotrasmettitori, sostanze come per esempio la dopamina, adrenalina, serotonina ecc., che agiscono sul nostro corpo e sulla nostra mente in quel preciso modo legato alla sensazione o all'emozione provati.

La prova ne sono anche i test in cui queste sostanze vengono indotte artificialmente nell'organismo causando le stesse reazioni emotive al soggetto… ma pensandoci bene però è facile realizzare che nel caso di induzione meccanica del neurotrasmettitore nell'organismo si ha una reazione ad una precisa azione, mentre nel caso di produzione spontanea si tratta di reazione proprio alle emozioni e alle sensazioni, non il risultato di un'azione che comporta degli elementi relativi ai 5 sensi primari.

Due procedimenti simili dove in un caso il "risultato" è l'emozione mentre nell'altro l'emozione ne è la causa… Così si giunge alla conclusione che la naturale reazione chimica prodotta spontaneamente dal nostro cervello è una conseguenza dell'emozione, non la causa, e che la sensazione apportata con l'induzione artificiale è solo una illusione e l'emozione provata è una reazione, non reale, …illusoria.

In molti casi la valutazione dell'emozione o della sensazione avviene con una decisa influenza – per lo più negativa – di "imprinting" di situazioni già vissute e che portano ad "anticipare" una determinata reazione fisica. Nel momento infatti che per esempio si è provato disgusto davanti ad una situazione, si immagazzina nella memoria l'immagine generale e complessiva di quella situazione abbinata alla situazione di disgusto. In questo modo si proverà quella sensazione ogni qual volta ci si troverà confrontati con qualsiasi cosa che era presente nel momento dell'imprinting. Quindi non necessariamente la vera causa della sensazione di disgusto, ma a volte anche solo il luogo dove il fatto originario ebbe luogo, o i suoni percepiti, o qualsiasi altro fattore fosse stato in quel momento chiaramente presente ai nostri 5 sensi "riconosciuti".

Fortunatamente – sempre che ci si voglia liberare di questi ostacoli – per sciogliere la maggior parte di questi abbinamenti "controproducenti" esistono vari metodi descritti da diverse correnti di pensiero e anche dalle religioni (vedi per esempio gli "Engram" di Scientology, Rebirthing o anche EFT) ma comunque tutti legati alla rivisitazione attiva e cosciente dei minimi dettagli dell'episodio in modo da "isolare" la vera causa della "sensazione negativa", proprio come viene anche messo in pratica dalla psicologia.

Ma se allora è l'emozione o la sensazione (sia al lordo che al netto dei fardelli supplementari che la causano) a innescare questa reazione chimica che rilascia i neurotrasmettitori proprio in quel preciso momento e con quelle precise conseguenze, cosa ne possiamo dedurre, cosa significa?

Semplicemente che esiste un livello di sensi oltre i 5 canonici. Significa che c'è "qualcosa che" possiede una propria logica e possibilità di scelta... ma questo qualcosa non sono senz'altro l'emozione o la sensazione stesse, poiché queste sono solo dei "veicoli" di trasmissione di informazioni, che questo "qualcosa" è in grado di interpretare, elaborare e restituire sotto un altro aspetto queste informazioni in modo da ottenere le reazioni chimiche/emotive...

Probabilmente questo "qualcosa" è il nostro stesso Essere, che non è un'identità definita. Non è neppure analizzabile giacché siamo troppo occupati ad analizzare i "cosa", "come" e i "perché", misurabili con i soliti 5 sensi, e tralasciamo il semplice "essere" che ne implica molti altri che, come prova della loro esistenza, sono sperimentabili esclusivamente nel momento in cui vengono utilizzati e non lasciano tracce tangibili della loro manifestazione.

Se da una parte i 5 sensi comuni non sono in grado di interagire con gli altri sensi, gli altri (quando attivi e presenti) ci permettono di interagire con i primi 5 in modo sorprendente. Siamo infatti in grado di "spegnere" la sensazione di dolore, di guardare senza vedere, udire senza ascoltare, sentire o meno i sapori e gli odori... quindi, oltre ad offrirci la possibilità di provare delle esperienze a livelli "inspiegabili", questi sensi supplementari hanno un certo potere anche sulla nostra volontà. Potere che purtroppo non è analizzabile, in quanto nuovamente "escluso" dagli altri 5 sensi, ma solamente sperimentabile.

Questo meccanismo dovrebbe aiutarci a capire che ciò che sperimentiamo effettivamente con i 5 sensi usuali è esclusivamente il "frutto" di una volontà che non risiede in ciò che sperimentiamo ma bensì in un altro "stato d'essere", e cioè nel cosiddetto "altro mondo" dove, in modo ancora inconsapevole, siamo sovrani, Re.

Mentre quello che questa volontà ci mostra in "questo" mondo è solo illusione – "Maya, la grande illusione" come la chiamano gli induisti – il vero "signore" che decide su questa illusione risiede in uno stato mentale dell'unica cosa veramente esistente: l'essere supremo che è il Sé, cioè quella parte di "noi" che non è abbagliata da Maya, in quanto consapevole che si tratta di una sua volontaria immaginazione.

Da qualche parte tra il 14 e il 15

(Oniricity. Emozionalità, dolore, gioia. Un punto di incontro tra il reale e l'irreale.)

La visita

No. Non dormo.

Anche se coricato senza saperne il vero motivo, sono sveglio.

Gli occhi chiusi a fissare il nulla. La mente che lascia sciogliere i pensieri come ghiaccio al sole, pensieri che svaniscono, piano piano, lasciando spazio al vuoto.

Un lampo dietro le palpebre. Rimango in attesa di sentire il tuono, che però non arriva.

Apro gli occhi e accanto a me, grigia, ma ancora un po' scintillante della sua irrealtà, quella presenza dalle fattezze indefinite, pronta ad assumere i tratti che credo riconoscere in essa, a completarsi con i colori che i miei occhi definiscono stimolati dall'emozione. Una presenza pronta a parlarmi, con quel suono che non vibra nei timpani e che non viene battuto tra incudine e martello, che non ha bisogno di una staffa in cui versare la colata per dar forma al significato che contiene.

Mentre silenziosi i dolori rimangono presenti solo nella carne e non nella mente – a darmi così un senso di apparente sollievo, ma aspettando comunque di attrarre nuovamente il mio corpo nella trappola mortale dell'illusione – richiudo gli occhi ritrovandola presente in quello schermo solitamente buio, in un punto che non segue la mia pupilla che scivola dietro le palpebre, ma rimane fisso in quella incredibile dimensione, dove rivolgo la mia esternazione.

"Grazie" – sussurro piano in quell'ora della notte.

"Grazie anche a te, che mi lasci entrare"

Posso sentire le pupille dentro l'umidità che provo, mentre io stesso divengo alcune lacrime di commozione, ma non è ciò che volevo, e mi sposto su uno dei raggi che partono dal cuore, quello che giunge poco sopra gli occhi.

Sospeso come a mezz'aria tra vari me, differenti solo per interpretazione, mi abbandono a quella piacevole molteplicità. Mi soffermo proprio lì, come quei sibili leggermente dissonanti, che risuonano con inaudita continuità tra il mio pensiero destro ed il sinistro; sembra mi tengano in equilibrio sull'orlo di un'idea di pazzia, anzi, sono forse proprio loro che mi permettono di gravitare sopra la mia coscienza.

Un nuovo lampo e la figura sembra perdere un poco della seppur effimera consistenza. Assisto senza sapere cosa stia succedendo e senza farmene un quesito.

Ancora un lampo, e un altro, e un altro.

Se prima era quasi solo un'ombra, ora è quasi solo uno spazio rimasto intriso della sua precedente presenza, uno spazio che denota comunque l'assenza di quella figura.

"Non andartene, ti prego. Concedimi questa tua piacevole presenza."

"Non me ne sto andando, tutt'altro! Sto prendendo posto con te nel tuo osservatorio."

Posso chiaramente sentire questa presenza "estranea" espandersi piacevolmente nel mio corpo consapevole, quasi proprio come il liquido di contrasto per fare una Tac ti entra in circolo, permettendoti di percepire parti del tuo essere che neppure immaginavi di avere.

"Ti sento!"

"… un brivido lungo la schiena…" sento aleggiare come risposa scanzonata.

"Vorrei stringerti, ma mi rendo conto che non posso."

"Sciocco che sei! Non ti basta contenermi? Non ti basta fonderti con me?"

Trascorriamo insieme quel poco che rimane della notte, lasciando che intanto il mio corpo riposi quasi immobile in quel drappo di menta nato dal cuore di un gigante buono.

La nostra trasparenza si sta facendo via via più intensa e permette di intravedere il risveglio dei vecchi ricordi rinchiusi ancora in scatole e casse, in attesa di essere riesumati.

Un lieve formicolio, una vibrazione, l'effetto di un alito strappato dietro la nuca, e la forma riflette uno sguardo dolcissimo abbracciato al mio fianco.

Nel risveglio del fisico non riesco a trattenere la sua evanescenza.

Ciò che sembra la sua mano si protrae verso me...

"Se ti lascio andare mi sveglio..." sussurra con una nota dispiaciuta, ma sono io che mi risveglio, o forse che mi riaddormento.

L'avventura

La netta sensazione di seguire con un lieve ritardo ogni movimento del corpo, per poi ricongiungermi a lui quando si arresta, questa sensazione di *seguire*... a meno che non mi lascio espressamente trasportare, o non accompagno volontariamente lo spostarsi di membra che, come nuova esperienza, vengono usati.

"Dove sto andando? Fermati! Torna qui. Aspetta che ti raggiungo." Impossibile realizzare cosa o chi stia parlando a chi o a cosa. Frastornato. Decisamente "fuori di me".

Riprovo.

"Non così veloce, ti ho di nuovo perso. Vediamo di farlo insieme."

"Un passo, lentamente. Un altro passo, lentamente. Alza il braccio. No, non quello! Quell'altro."

Di nuovo in sintonia, ma stavolta rendendomene conto.

Di nuovo in sintonia, sapendolo e gioendo per questo accordo tra il vero me e ... me.

Di nuovo in sintonia, come dopo l'annebbiamento che seguiva una di quelle sbronze colossali con il gigante buono. Quel gigante che rideva, malgrado il suo cuore fosse colmo di dolori, di paure, di risentimento per quella mortale burla di un irrispettoso falso amore.

Il pensiero ora presente sull'affanno di chi paga anche con l'anima per uscire dalla sintonia, per poi star male quando tornano... di nuovo in questa. Che abbiano ragione a soffrire di uno stato considerato normale?

È bello sentirsi regnare in tutti i sensi sul proprio essere. Prendere posto in sala comandi e dirigere, o meglio assistere un traffico che si muove in modo automatico.

Bello questo regno incontrastato.

Anche se a tratti una breve disattenzione lo porta fuori dal mio controllo, riesco subito ad essere di nuovo in sintonia, dirigo, osservo, godo.

Godo di quel vuoto, che improvvisamente torna ad essere riempito dalla dolce presenza che mi ha accompagnato nella breve eternità di una notte.

"No, ti sbagli, non sto coprendo il vuoto: io sono il vuoto. È nel vuoto che trovi le cose più belle e più grandi, altrimenti non ci sarebbe spazio a sufficienza, non avresti la possibilità di entrarci, non saresti libero dei bagagli pesanti che ti ostini a portarti appresso".

"Ma …un attimo fa non c'eri!?"

"Non dire che non c'ero. Eri tu che stavi riempiendo "il vuoto" con cose ancora più vuote, con il tuo pensiero della sintonia. Eri tu che mi schiacciavi ora sotto la difficoltà di un passo, ora dietro un seppur dolce ricordo di quei due occhi grigi, che portavano a spasso un angelo attorno a loro… oppure ancora dietro illusioni di mondi sintetici, che appartengono a quell'altra illusione che chiami naturale…"

Improvvisamente allibito, meravigliato davanti ad un gigantesco punto di domanda scolpito in una ruvida roccia.

Cerco di abbracciare quell'enorme sfera che galleggia davanti a me, e che tiene sospeso imponente il completamento della sua rappresentazione.

Solitamente è la risposta che non si sa, per questo si chiede, Ma qui invece è la domanda stessa che assume una sproporzione tale da oscurare tutte le altre domande, anzi, quasi sembra pronta ad abbattersi inesorabile su qualsiasi risposta, per schiacciarla nella sua inutilità.

Non resta che abbracciarla.

Quella enorme sfera non si lascia abbracciare, ma forse sono le mie braccia troppo corte per far questo.

"Perché non riesco?"

"Perché stai partendo dal punto che credi sia *te*, se invece *quel* punto lo centri *dentro* di te, vedi in modo diverso tutto ciò che ora credi di avere attorno.

Non sono le tue braccia a doverla abbracciare, bensì la tua mente.

Se continui a guardare così, in *avanti*, avrai sempre un *dietro* nel lato opposto, perderesti la visione sul *sopra* e sul *sotto*. Lascia che tutto entri in te, e sì che lo hai anche già scritto che non si può dire se dentro sia dentro o se sia fuori... o chissà dove...

A volte mi preoccupi. Sembra che hai afferrato le cose e poi torni ad esprimerti come se non le avessi capite. Lo sai benissimo che non esistono nessun luogo e nessun tempo."

Come fiamma di un cannello cui chiudi la valvola, mi ritiro da quella euforia invisibile ma potente, e mi ritrovo misera fiammella azzurra arancio in balia di ogni piccolo, misero soffio.

"Dobbiamo andare nel cuore?" – sussurro timido pensando al caldo rifugio di quel sentimento d'amore, che colora gli istanti di piacevoli toni pastello.

"Non puoi chiedermi di andare nel cuore, ci siamo già. Se lasci che tutto entri in te, sei ovunque in qualsiasi istante"

Ma io sono pur sempre umano, uso ancora un metro ed un orologio, ho una madre, una sorella e una nipote… un fratello con la sua amata moglie. Sono in questo luogo in questo adesso, forse la mia mente non è ancora pronta per realizzare, per partorire certe idee…

"È il mio Qui ed il mio Ora…" – ribadisco – "…mi spiace. Tu hai esperienza di questo *mio* mondo? Sei già stato umano?"

"La mia risposta cambierebbe la tua opinione? Cambierebbe la tua prossima domanda?"

In un vortice, quasi un sibilo, quel gigantesco punto di domanda rotea su se stesso e si disgrega, lasciando morbidamente cadere al suolo molti altri punti di domanda. Volteggiano, simili a vuoti tutù di velo grigio, come frutti di tarassaco che non hanno fretta di trovare il luogo adatto, dove depositarsi in attesa che cresca, vigorosa, una nuova giusta domanda.

Guarda, semplicemente guarda

Seguo con l'occhio il contorno della collina; quel taglio tra il cielo e le fronde degli alberi del bosco. Come può non colpire quello spazio che dà l'impressione di formare una cornice attorno a quell'albero solitario, imponente e forse magico.

In certi giorni grigi assume l'aspetto di una fotografia, scattata da un occhio esperto che sa evidenziare i diversi strati di pallore.

Il cielo chiaro, poi l'altra collina straniera che pone una prima dimensione di sfondo. Davanti a questa una leggera nebbia pronta ad esplodere verso il primo piano attraverso quello spazio, attorno a quell'albero solitario che se ne sta ritto, immobile ed in silenzio, sentinella di un'avanzata d'oltre confine, guardia che non saprebbe mai arrestare l'invasione, ma che incute comunque rispetto e ammirazione per il suo semplice stare lì, orgoglioso della sua possenza ma nel contempo civettuolo a mostrare la sua chioma probabilmente brulicante di cinguettii.

Il miracolo della vita

Silenzio assoluto. Taccio perché non so come cominciare, non so dove inizia e se mai ha una fine, non so se ha, se è … se cosa né dove o come…

"Wow! Cos'era questo? Non so neppure se riesco a descriverlo."

"Non puoi infatti."

"Ma io vorrei raccontarlo a qualcuno…"

"Ti ho già detto che non puoi, la vita è troppo breve per descrivere l'eternità."

"…ancora, ti prego…"

"No! Ti perderesti nel tutto …perderesti l'attimo. Devi riuscire a vedere quella meraviglia in tutte le piccole cose, nel vuoto di quelle piccole cose che rispecchiano la pienezza delle grandi. Quella meraviglia che devi descrivere è visibile solo lì, dove risiediamo adesso insieme".

A volte

Ancora quella meraviglia, la meraviglia di essere ancora qui. Ancora o di nuovo? Meraviglia o sorpresa? Forse di tutto entrambe. Ma è veramente meraviglia o sorpresa?

A volte ha l'aspro sapore dell'accettazione.

Si presenta con un leggero tono di patimento, la punizione di una colpa non ancora riconosciuta.

Si presenta con il colore della nostalgia di un'altra aria più secca, più calda... più amabile malgrado quelle lance appuntite di menzogne, che ancora, a periodi, come di tempesta lacerano l'anima a volersi spogliare del corpo. Un'anima che piange amareggiata, che sussurra rabbia e delusione: "Via, fuori da questa misera e stupida apparenza! Lasciami andare via, foss'anche per l'eternità..."

A volte, ha un che di nuovo e di gioioso che guizza nel turbinio dell'aurora, di pensieri indaffarati a riporsi in abbaglianti presenti immaginari, presenti che ritonfano, però, nell'usuale presenza di una gravità sentita e provata, non appena subentra l'interferenza di un ricordo.

A volte sprofonda in un punto di visuale ristretto, angusto, buio come il terrore di un pensiero di solitudine, pronto ad isolarti in tutto ciò che non esiste più, che non ha neppure la sensazione della sua nullità.

A volte urla senza sosta, quell'orribile urlo di terrore che lascia sbiadire il circolare di Munch, incatenato nel suo stesso orrore, in quella cornice da cui non c'è via d'uscita... tranne un ennesimo salto nel vuoto...

Oggi si salva nell'accettazione.

Trascinando sul pavimento le altre volte in un sacco di iuta dalla maglia larga, dove riesco a vedere gli occhi delle altre volte, che mi guardano e mi supplicano di lasciarle uscire, lusingandomi della loro necessità di essere altre volte.

"Da giorni mi osservi senza proferir parola."

"Cosa vuoi che ti dica? Stai già dicendo tutto tu. Io ti seguo, guardo da vicino nei tuoi occhi per capire se esiste differenza tra ciò che riflettono oggi e ciò che hanno riflesso l'altro giorno, o che rifletteranno domani."

"Ciò che vedi significa essere umano. Alti e bassi spesso senza apparente motivo, ma già, tu probabilmente non te ne rendi conto…"

"Perché? Tu sì?"

Sii la luce

Ancora vicina, silenziosa. Gli occhi puntati sempre nei miei, anzi sembrano fusi in essi come il riflesso nell'acqua mentre il viso ne trapassa la superficie. Oppure fusi come quella nebbia, che seppur con un po' di fatica, riesce ad attraversare le fronde cinguettanti della sentinella prima dell'orizzonte straniero.

"L'alba! Sii la luce del mio ritorno."

Lascio che quest'alba si illumini in me, che torni ad emanare una di quelle volte piacevoli e chiare, dove tutto ha un senso che non importa quale. Tutto semplicemente rinasce in una semplice complessità coerente, come volta molteplice di unificazione con il resto.

Le gocce di quel riflesso e di quell'umida nebbia, scivolano a prendere nuovamente posto accanto a me in sala comando, mentre mi immergo nell'idea di un caffè come rito iniziatico per la nuova giornata.

Come una preghiera il rituale a disporre un segno d'amore e di rispetto, ma soprattutto di ringraziamento. Il buongiorno a mia madre è pronto in attesa del suo risveglio.

Presente nel mio Sé posso misurare ogni gesto, riempiendolo di una sacralità che potrebbe sembrare vana.

Non penso alle altre volte. Anche il sacco di iuta a maglia larga è abbandonato non so neppure dove. Abbandonato con il suo carico. Smarrito fino alla prossima improvvisa riapparizione. Non mi interessa saperlo, dimentico delle altre volte… questa volta è questa volta.

Torno a far ordine tra quelle idee sperdute negli universi a quadretti, dove varie grafie sussurrano brama, impazienza, studio, curiosità, bastonate, assenza di gravità.

Anche se reali nella scrittura, fulminate nella mente in quegli attimi, incise come ferite nella carne, nel cuore e nell'anima, nella lettura e nella catalogazione sono fredde e staccate, quasi non mie.

"Va bene se riordino?"

"Puoi fare tutto quello che vuoi, non c'è limite alla tua libertà. Le cose che ti servono sono già tutte lì, fai la tua scelta. Va benissimo qualsiasi cosa che scegli di fare e di sperimentare".

Mi soffermo su parole quasi illeggibili, sciolte dall'umore salato dei miei occhi di un'altra volta.

"Da dove arriva la tristezza, la sofferenza emotiva?"

"Dall'illusione di subire le cose, ma a volte anche semplicemente dal volerle sperimentare e basta."

"Mi sento bene ascoltandoti, le cose che mi dici sono molto chiare, dolci e profonde."

"Sei tu che dici queste cose."

"No… no… Io non le sapevo."

"Certo che le sai, da sempre! Le avevi solo dimenticate."

Confuso, incredulo, di nuovo in equilibrio, sorretto solo dal sibilo degli emisferi… appoggiato a quella sfera di roccia galleggiante mentre nuovamente osservo verso l'alto la curva che rende domanda ciò che mi aspettavo risposta. Quelle tante domande, nuovamente unite a dare un peso incredibilmente insopportabile a quella particolare domanda che non vuole uscire, che non vuole essere detta.

Non potendo trattenere oltre quel respiro prigioniero negli alveoli continuo….

"No… sei tu che me le stai dicendo."

"Al tuo posto non ne sarei molto sicuro."

"Perché? Stai forse dicendo che mi sto immaginando tutto?"

"Se così fosse? Sarebbero queste esperienze prive di significato?"

"Come posso sapere?"

"Prendi una capra, vai sul monte, sgozzala e sacrificala in mio nome su di una pira di alloro."

"Dici sul serio?"

"…"

Sorrido, anzi, rido per questa mia stupida domanda…

"Fede! Abbi fede in te prima di tutto. Se non hai fede in te in cosa potresti mai credere?"

Tra il quattordici ed il quindici

Tutto quel tempo a ricercare dentro e fuori, osservare, immaginare, pensare. Tempo che sembra eterno. Non sai dire da quando esattamente, non sai dire fino a quando esattamente. Sai solo che sembra non abbia mai fine.

A volte deluso, come quando a certi appuntamenti aspetti e aspetti, e mentre aspetti immagini ora che vada tutto bene, ora che invece qualcosa non vada per il verso dritto... un'altra fregatura, un'altra delusione, così al prossimo ti presenti nuovamente pronto ad accettare il responso, qualunque esso sia, ma non demordi.

Dov'è quello schermo che ti mostra il film che hai scelto? Quello spettacolo che ti coinvolge facendoti girar la testa come ubriaco d'arte?

E continui a ricercare, dentro e fuori, osservare, immaginare e pensare.

Io Sono.

Due parole. Ti fermi. Smetti di cercare, dentro e fuori, di osservare, immaginare e pensare.

Due parole ed è tutto lì, improvviso, con quel tempismo che sceglie il chiodo che sorregge un quadro.

Quel quadro che cade nella storia di Novecento, con quel suo suono inconfondibile: **Fram!**.

Torni però a riappenderlo quel quadro. Lo riappendi sperando che ricada. Il momento della caduta è irripetibile. Una scossa che attira nella tua mente tutto ciò che hai cercato dentro e fuori, che hai osservato, immaginato e pensato.

Ma quello non ricade. Solo in alcuni giorni lo stacchi tu dalla parete, così puoi pulirlo meglio. Ma staccato da quello sfondo non è così bello. Staccarlo e riattaccarlo. Continui a sperare che una volta, improvviso ricada da solo perché anche il nuovo chiodo ha scelto di non sorreggerlo più.

Continui a chiederti cosa l'abbia fatto cadere ed è come sbattere la testa contro quell'enorme punto interrogativo di pietra.

Cade perché deve cadere. Ma non è certo che debba farlo, non è giusto che cada, non è preciso il momento in cui cade.

Che non si può parlare di certo, di giusto e di preciso, come quel P greco che approssimatizza in difetto una cifra come il tre e quattordici, perché dopo il quattordici c'è ancora il centocinquantanove... e non solo, e perché dopo ci sono ancora più di centomila cifre. L'incredibile cifra esatta è lì, da qualche parte tra il quattordici ed il quindici, come a dire che la perfezione non ha importanza, come a dire che tutto è perfetto tranne che la relazione tra le misure di un cerchio, quel cerchio sul quale è costruita la vita stessa.

Io Sono.

Certo, potrebbe anche essere "Io Mangio", ma non è lo stesso.

"Io sono"

Lo ripeti ad ogni respiro.

"Io", che riempie i polmoni a far sentire me stesso attorno a questo Io che vivifica ogni cellula. Poi espiri il "sono", e ti vedi manifestato, realizzato, presente sia dentro che fuori, anche se dentro e fuori forse non sono dove credi che siano.

"Ma chi sono?"

Eh già! Ma "Chi sono?" o forse anche "cosa sono", o "cosa faccio"…

Ma certo: io sono un pensiero. Un pensiero che nasce per creare ciò che ritiene reale.

Io sono!

Tutta la mia esistenza è lo spazio tra queste due parole. L'io esistenziale che passa allo stato di essere creato.

Allungo il respiro per assistere a questo passaggio, a questa trasmutazione. L'Io in introspezione... il sono in fusione con il tutto, il Sé che li contiene...

"Ma allora io sono il Sé... e se io sono il Sé come pensiero nato per creare, chi è "Io Sono"? E tu chi sei?"

"Tu sei "l'io sono" del Sé, e io sono esattamente chi vuoi che io sia. Sono ciò che hai chiamato e che continui a chiamare".

"Ma io ti vedo. Non chiaramente ma ti vedo... beh, forse ti immagino più che vederti."

"Hai detto bene: mi immagini. Ma perché mi immagini con tratti maschili e parli di me al femminile?"

"..." "Ho dovuto rileggermi, hai ragione, parlo di te al femminile in quanto sei una *presenza*, ma tu sei un essere maschile?"

"Credi ci sia differenza? Una differenza tra maschile e femminile dipende esclusivamente da quale ti può servire al momento. Vuoi una figura materna? Sono femminile. Vuoi una figura paterna? Sono maschile. Vuoi un'amica? Vuoi un amante? Decidi tu..."

Sono io a darle o a dargli una forma. Sono io che immagino l'espressione di un volto nascere da una inusuale profondità di percezione. Sono io ad appesantire questo Essere di esperienze e significati. Per questo lo ricopro di saggezza, di amore e discernimento. Lo posso riempire di ciò che voglio.

"Sei un Essere buono comunque..."

"Sono buono perché è così che mi vuoi; posso anche essere *cattivo*, ma probabilmente lì non ti piacerei proprio..."

Pena

Ancora scivolo. Una ennesima volta lungo quella rotondità inasprita dal rifiorire di quegli steli recisi che non vogliono morire, ma anzi rafforzati or anche grigi si ergono.

Giù, a tracciar la via per il dolore a seguire. Giù sino al limite ultimo, a dondolare leggermente indeciso su come sparire. E quando sto per decidere di rimanere è proprio quando sopraggiungo diverso emule.

E il mio peso aumenta. Mi rigonfio a riflettere di più quel riflesso che sottosopra appare.

Scaccio quel peso che precipita senza portare il dolore a sparire con se. Lo lascia lì, in quella scia che scende dalla rotondità, rotta solo da alcuni immobili ostacoli. Una scia che par di lumaca la traccia, ma che evapora con tutto il tempo che trova su quella vecchia pelle.

Dentro tutto cerca di muoversi nell'ovatta della comodità usuale, ma ogni movimento stride, arrossa, come un meccanismo non lubrificato, che si surriscalda e manda l'anomala fiamma al perno, alle pulegge e alle catene, dove tutto, a sua volta, secca a portare avanti quella stupida anomalia.

Per l'urgenza, a bloccare il dilagare di quella spiacevole sensazione stacco alcune spine. Spengo gli interruttori come a spegnere l'audio inadatto di una video...

Va meglio.

... O almeno l'ho creduto...

Il volo

Dopo aver versato il trascinarsi disperato a carponi, quel trascinarsi senza un motivo apparente, come di inerzia, ecco che riappaiono più chiare le orme.

Dapprima vicine, unite da una diversa pesantezza, stancamente ma con scopo, passi di un ultimo sforzo... poi, pian piano, più nitide, decise e ampie. Sempre più ampie e sempre più profonde, sicure nella rincorsa per prendere il volo, un volo che anch'egli lascia una scia, una traccia ben diversa dal trascinarsi.

Una scia leggera. Un soffio. Un dolce solfeggio.

Difficile non voltarsi a guardare. Difficile resistere al magnetismo di quel vecchio segno di caduta... occorre non poca forza d'ali per non lasciarsi attrarre, per girarsi e riprendere a volare.

Volare, più in fretta, a volersi allontanare da quelle ombre non particolarmente amate, ma che comunque fanno parte della distanza percorsa verso...

Verso cosa?

Si tratta di andare verso qualcosa o semplicemente allontanarsi da un'altra? Si tratta di fuggire o cercare di raggiungere?

No! Di nuovo! Ancora semi di tarassaco che volteggiano per riunirsi a conformare quell'enorme punto di domanda...

Questa volta lo sorvolo. Plano attorno. Risalgo quella rotondità.

Lo guardo senza cercarne comprensione. Anzi mi poso nel suo culmine e mi guardo in giro. Mi rendo conto che in ogni parte posso vedere sia un punto di provenienza che un punto d'arrivo.

Mi rendo conto che ognuno di questi luoghi, è già stato in me guardandolo, ed è già stato attorno a me essendoci stato. Mi rendo conto.

Guardo in alto le stelle in un cielo azzurro. Stelle che assumono l'intreccio di una bianca realtà a quadretti sulla quale comporre nuovamente piccoli tratti, punti, cerchietti, spazi vuoti. Tanti spazi vuoti tra l'io ed il sono. E quel grande spazio vuoto che segue, che man mano cerco di coprire ma che non vuole finire mai, anzi sembra nutrirsi proprio dei tentativi di riempirlo.

Parole che frullano, che crescono, che si colorano, si contorcono. Parole che scorrono, che cadono da una rossa morbida reazione, che corrono quasi da sole a ricomporre pensieri, in quell'intreccio di quadretti ancora vuoti.

Maschere?

Un nuovo aspetto, sempre uno sotto molti.

Diverse espressioni, diverse parole, diversi stati d'animo, un solo Dio: Io!

Noi che scriviamo di me, di quel me di una volta che si sentiva solo, di quel me di un'altra volta, sognante su un lontano ramo sospeso sopra un mare di nebbia, di quel me stanco, dolorante, sofferente.

Un Noi pluralis maiestatis, almeno ai nostri occhi.

Ci raccontiamo, ci ascoltiamo e non ci giudichiamo.

Diverse espressioni, diverse parole, diversi stati d'animo, un solo Dio: Io!

Mi ripeto in un'altra volta, come essenza in sequenza, come nuova presenza in uno spazio che è lo stesso di prima, ma che vibra in modo diverso.

Io! Sempre io. Noi! Sempre io.

Ora burattino in balia di qualche altra volta in cui non ho saputo aprire gli occhi. Ora burattinaio, incidente con maestria in ogni minimo battito di ciglia.

Eppure sempre io, sempre noi, senza sosta e senza tregua.

Con o senza carne. Con o senza respiro, ma pur sempre con quell'amore nel cuore che unisce e separa.

Amore

E poi si riaprono certe ferite.

Facile a dire di non pensarci. Si finisce comunque a pensarci. Ci si ritrova a toccare certe cicatrici che, anche se guarite, testimoniano esperienze piacevoli, bruscamente interrotte da una apparente realtà...

Questo Amore... Tanto bello e a volte tanto crudele.

Quel primo amore che molto ha punto; quel grido d'aiuto non percepito, sussurrato dall'altro capo di un filo prima di spiccare il volo dall'alto di quel monte biancoazzurro. Poi ancora il primo inganno, seguito da un secondo doloroso addio che ha tinto di stravolgimento l'intero passato.

Ancora una menzogna, blanda e non così profonda ma comunque deludente. Poi una realtà sincera abbandonata nel castello principesco. E infine un'altra, l'ultima, grande, preannunciata nuova menzogna, che ancora sprofonda nella sabbia di un'indifferenza che non ha capito, non ha creduto.

Qualche attimo di sincera noncuranza, un'anima di passaggio che sembrava riunire tante incarnazioni felici, qualche goffa fotografia. Immagini rubate all'intimità.

Solo dai miei occhi e dal mio pensiero scaturiscono questi drammi. Un disco ascoltato e riascoltato nell'illusione di strappare quei segni dal cuore, ma che in realtà non fa che approfondire i solchi delle note. Solchi che si diramano nel tronco, pronti ad accogliere semi dai quali cresce sofferenza. Quella sofferenza che invece è da sradicare come erbacce dal giardino dei fiori più belli.

Nutrire d'amore, non esserne nutriti. Ecco il mio errore...

"Ci voleva così tanto per capirlo?"

"Sai, questo è il problema. Si sanno le cose. Sappiamo benissimo come comportarci. Ma quando si vivono certe situazioni entriamo in uno stato di cecità. Uno stato che si nutre del suo stesso peccato. Uno stato che sembra stimolare un certo piacere masochistico."

"Quindi anche tu, sai che è da masochisti soffrire per ciò che succede nel proprio quotidiano. Sai benissimo anche tu, che soffrire per le ferite del passato significa soffrire per l'eternità."

"Certo, lo so. E questo è il peggio. Sapendolo mi limito ad osservare per non lasciarmi coinvolgere nuovamente, ma improvvisamente mi ritrovo ad essere lì, nuovamente preso…"

Si apre una voragine sotto i miei piedi. Probabilmente già c'era, perché qualcosa d'altro è sotto di me. Si tratta di un corpo morto, che mi trattiene in quell'anfratto.

È un corpo morto dal quale spunta un filo spinato che si attorciglia attorno a me. Sono spire di metallo arrugginito che si fissano al mio ventre, al mio petto. Ogni movimento mi lacera l'anima. Anche solo il guardare, scoppia come un urlo nella testa.

Rallenta il respiro. Si estirpa il filo da quel corpo morto che inesorabile cerca di trascinarmi verso un fondo senza conoscenza… potrebbe anche essere piacevole.

Immobile. Ancora di più rallenta il respiro.

Immobile. Solo gli occhi si chiudono. Solo il pensiero evade e prega.

"Togli il filo!"

"Non ci riesco, fa male."

"Toglilo! Adesso che non ci sei e che ci sono io."

"Ma così fa male a te…"

"Meglio a me per un attimo, che a tutti noi per l'eternità."

I sogni

Giorni, come tutti gli altri, con tanti sogni che porto gioiosamente a cavalluccio sulle spalle. Sono tanti sogni che diventano sempre più grandi e pesanti. Diventano sempre più grandi e pesanti perché non si avverano, si nutrono della giovinezza che ormai vive nei sogni di questi giorni.

Giorni. Giorni meravigliosi, terribili, che si materializzano semplicemente con la realizzazione dei sogni, perché anche ciò che non si vuole fa parte dei sogni.

"Esatto, sono proprio i tuoi sogni che rendono la tua vita meravigliosa oppure terribile."

"Dillo a chi ha l'incubo della carestia! Dillo a quella madre che vede morire il figlio perché non ha cibo da dargli…"

"Appunto, quello è il tuo sogno. Il tuo sogno è che il loro sogno sia un incubo. Non puoi sognare una cosa senza le sue conseguenze. Non ancora almeno. In pochi sono pronti a questo. Solo tu puoi sognare la soluzione e metterla in atto."

"Ma se già i miei sogni non si avverano! …Non tutti almeno…"

"Appunto perché il tuo sogno è che i tuoi sogni non si avverano. Prova a pensare che tutto ciò che c'è, tutto ciò che vedi, che ti succede, è l'avverarsi dei tuoi sogni… o incubi… accettalo, senti che è così. Non giudicarlo.

Solo così ti accorgi che per cambiare quelle cose non devi andare là, ma che lo puoi fare solo cambiando qualcosa qua… anche se, come sai, là e qua non esistono."

"Da molto tempo cerco di farlo, ma non accade nulla. Sono sempre nel mio mondo utopico che si scontra con il resto."

"Se lo hai immaginato, se lo hai sognato, allora è fattibile. Hai già messo in moto qualcosa che può aiutare a risolvere i problemi del mondo".

"Non esageriamo! *I problemi del mondo* non si risolvono in questo modo: *immaginando e sognando.* Ci vuole azione, ci vogliono mezzi e capacità."

"...Tutte cose che hanno quelli che non riescono a cambiarlo, insomma..."

"Bene, allora dimmi: come vuoi che realizzi veramente il mio sogno, le mie utopie? Come posso farlo?"

"Ma ti stai a sentire quando dici certe cose meravigliose?

Ti stai ad ascoltare?

Sai veramente cosa stai dicendo quando dici *Sii la luce del mio ritorno*?

Ti rendi conto cosa può significare *essere il rapporto, la chiave matematica per la perfezione del cerchio?* O quando dici *Io Sono?*

Qualcuno che ben conosci diceva: *La mia vita è il mio messaggio! Il messaggio è la mia vita!*

Quante volte hai avuto la comunione con queste cose meravigliose? E ancora non le senti tue?..."

"Certo che le sento mie..."

"Quindi? Smettila di sognare che non puoi. Sogna che puoi, solo così lo potrai.

Non pensare, o il tuo pensiero corrompe il tuo sogno. Sogna ad occhi aperti. Sogna durante la notte nel tuo *drappo ciclamino* del *gigante buono*, ma non smettere mai di vivere il tuo sogno.

Sguaina la spada e parti all'avventura.

Non importa se devi tagliare un po' qui e un po' là. Anche molti alberi hanno bisogno di qualche taglio per crescere più rigogliosi, per dare i frutti più succosi.

Sogna il tuo mondo ideale e vivilo in ogni istante senza dubitarne. Senza esitare taglia, strappa, ripicchetta le talee, semina la nostra meraviglia".

Cose

Sono gemme preziose delle prime ore che appaiono opache e meno splendenti con l'abitudine. Invece di lucidarle ne vogliamo delle nuove.

Desideri appagati e dimenticati. Eppure la loro essenza non è mutata, giace solo celata dietro un velo di assetata inutile bramosia. Desiderare è buono.

Desiderare e ottenere ci porta a desiderare qualcosa d'altro.

"Vale anche per i sogni? In fondo *desiderare* è una specie di sogno, quindi potrei anche pensare, che realizzare un sogno ci porterebbe ad esprimerne nuovi."

"Certo. Non vorresti trascorrere la tua eternità con un unico stesso sogno".

"Ma è *buona cosa* o *non è buona cosa?*"

"Non esiste cosa buona e cosa non buona, esistono solo *cose*".

"… facile dimenticarsene…" – sussurro.

"Ma fai in fretta a ricordarlo e te lo riporti alla mente."

"Grazie a te!"

"Sempre grazie a te. Ricordi? Sei tu che ti dai le risposte."

"Ma allora perché mi farei così tante domande?"

"Perché ti piace darti le risposte."

Come davanti ad una nuova auto, appena parcheggiata nel cortile di casa, lucida, scintillante emozioni, carica di realizzazione e di prossime gioie in quell'involucro speciale, abbagliato dalla novità quasi incredulo. Ogni lato viene osservato. Ogni lato viene ispezionato, per imprimerlo nella mente come un vecchio ambrotipo che ne salva l'apparenza, ritornando un'emozione quasi palpabile.

Come davanti una nuova auto osservo. Non più un punto di domanda, ma un punto esclamativo che vorrei più evanescente, che vorrei soffiare via.

!

Sembra un dito accusatore puntato, ma non lo è. È pura constatazione, è affermazione, è esclamazione.

"Sono così egocentrico?"

"Trovi sia un atteggiamento egocentrico? Non preferisci vederlo come un percorso più incisivo per giungere dove vuoi andare?... O fuggire da dove vuoi fuggire? Non preferisci vederla come una migliore possibilità di analizzare?

Ti arrabbieresti se ti parlassi in modo duro? No, non lo faresti. Non lo faresti nello stesso modo che lo fai quando te lo dice qualcun altro. Perché? Perché sei tu stesso ad essere duro con quella parte cocciuta e testarda di te che a volte preferisce volgere lo sguardo altrove".

Gioco e accarezzo la morbida rossa reazione, e amo quella parte di me che mi risponde. Amo quella parte di me che mi rivolge le domande. Amo quella parte di me che poggerà gli occhi su queste linee, su questi tratti, su questi cerchietti, e riuscirà a vederne lo spazio che le contiene.

Cos'è la soddisfazione? La più grande soddisfazione? È semplicemente un'emozione. Semplicemente in modo meraviglioso. Meravigliosa in modo emozionale. Emozionante in modo Divino. Divino in modo Divino. Divine emozioni, indipendentemente da ciò che vediamo e che abbiamo sempre creduto esterno a noi, indipendentemente dalle cose, dalle persone, dai luoghi.

Con un bisturi affilato incido dove le emozioni emanano dalle cose; e le cose rimangono cose. Incido dove emanano dalle persone, e anche le persone rimangono persone, continuano ad essere le stesse persone. Incido dove emanano dai luoghi, luoghi che rimangono sempre lì dove ho sognato che siano.

Ma le emozioni… le emozioni si ravvivano all'inverosimile, illuminano il mio essere, si espandono e decidono loro stesse quali cose, quali persone, quali luoghi andare ad illuminare.

E illumino l'universo di immenso.

Conclusione

A volte può sembrare difficile, distinguere quale sia la realtà. Sempre che si tratti di doverla distinguere, piuttosto che di definirla.

"Sono sospeso sopra il vuoto.

Quel dio greco da una parte. Un dio orgoglioso del suo canto d'amore, ma ignaro del finale di chi non ha saputo comprendere.

Dall'altro non solo ogni singolo sasso ha la sua storia, ma dove anche ogni passo ne racconta e ne intreccia di nuove.

C'è l'accesso caldo, e accogliente, che ricorda idee in contrasto, che echeggia di rabbia, lacrime di rassegnazione e incomprensioni.

Ci sono mondi pseudo-reali, con le loro fonti di nozioni immediate, che mi aiutano a procedere più spedito nelle mie curiosità; dove transitano esistenze condivise con essenze che, ideologicamente, potrebbero ritenersi più vicine, ma che probabilmente non ne hanno neppure la consapevolezza.

Ma lo stato più piacevole, è per certo quello nell'evanescenza dei pensieri, dei sogni e delle speranze.

Anche se l'ombra di orribili mostri, a volte mi paralizza, mi raggela e mi strazia, ci sono anche larghi e profondi piaceri, ci sono abbracci e profumi inebrianti. Decisamente piaceri in sovrabbondanza, rispetto a quelle terribili ombre di mostri. Quanto basta per non caderne vittima."

Raccolgo i miei pensieri. A volte potrei anche rileggermi o forse, chissà, sarà qualcun altro a farlo, solo che per "un altro" alcuni riferimenti possono esser incomprensibili. Ma credo che "Sono sospeso sopra il vuoto" sia più elegante che non "Sono nella mia camera sopra un portico", ma anche il poetico dio Greco da una parte è più profondo e magico che non la finestra che dà sulla strada dove, in una notte di diversi anni fa, uno spasimante di origine greche suonò per mia sorella una dolcissima serenata con la chitarra, mentre mio padre chiamava la polizia per farlo allontanare.

Forse un altro non arriva a comprendere quei discorsi che faccio nella mia mente con un interlocutore che ho scelto sia un Me stesso di un altro Qui e Ora che spesso riesco a sentire pienamente come l'amico più sincero e fidato. Le "Sue" risposte sono riportate con un carattere leggermente più chiaro, a sembrare siano solo pensieri caduti lì, vanescenti, che ci sono ma potrebbero non esserci ...anche se il loro peso non è indifferente.

Quale farneticazione pensare sia un essere superiore – divino o extraterrestre – che ha scelto proprio me e solo me per darmi delle rivelazioni che sono già alla portata di tutti, o prevedere catastrofi che non si avverano... e se lo fanno è solo puro caso.

No. Decisamente preferisco ammettere chiaro e tondo che ciò che scrivo è esclusivamente sotto la mia responsabilità. Non è più mia responsabilità però quando chi lo legge travisa il tutto e intravede cose che non sto dicendo e, a priori, condanna in un modo o nell'altro il mio modo di vedere la vita stessa. Il mio modo di vedere che a volte è un punto di vista ovunque nell'universo che scaturisce da un effimero Qui e Ora e a volte invece è semplicemente qui nell'illusione di un adesso separato dalla sua vera grandiosità.

Molti di questi discorsi sono andati persi, altri sono ancora lì, sui fogli ormai ingialliti e anche in qualche documento digitale e in rete. Alcuni mi sono utili ancora oggi in varie situazioni, peccato che spesso mi dimentichi di rileggerli

È facile cadere in errore e pensare che chissà quale entità stia rispondendo. Tempo fa anch'io ne ero convinto, mi ero lasciato prendere la mano in un periodo molto difficile e la perdita della persona amata mi aveva portato quasi accidentalmente ad abbracciare ciò che si chiama "scrittura automatica", poi da lì sono giunto ad approfondire l'essenza dell'essere umano proprio grazie a questi discorsi – divenuti quasi mentali nel tempo – toccando, come già detto prima, innumerevoli campi e personaggi ma soprattutto il mio pensiero più profondo che si trova ovunque nell'universo.

Grazie per aver seguito il mio piccolo me e il nostro grande "Me".

Massimo Enzo

Sommario;

© Edizioni Chakra
www.chakra.ch

Il sito offre una piccola vetrina delle opere pubblicate

www.ingramcontent.com/pod-product-compliance
Lightning Source LLC
Chambersburg PA
CBHW060109300526

45791CB00018B/713